不動産プランナー流 建築リノベーション

岸本千佳

学芸出版社

はじめに

「不動産プランナー」という言葉、聞き慣れない方も多いと思う。それもそのはず、私が勝手に名乗っている肩書きだからだ。具体的には、建物の活用を企画段階から管理・運営まで一貫してプロデュースしている。プロデューサーというと偉そうな人が出てきそうなので、オーナーや使い手が同じ目線で語れそうな「プランナー」とした。

他方、「不動産」とは、世の中（特に日本社会）においてとことんイメージが悪い業界だ。不動産屋の対応で嫌な思いをしてトラウマになる人も多い。ニュースで見る悪質な不動産業者の話に落胆する人もいるだろう。オーナーにとっては、空き家に大量にチラシを入れてくる煙たい存在かもしれない。建築教育の中でも、よく思われていない節がある。

でも、それがチャンスかもしれないと、建築学生だった私は思ったのだった。

一般的な不動産のイメージは悪いが、建物が役目を失った状態からリノベーションされ、入居後までずっと携われることは不動産の特権。新しく区画を開発したり、潰したり、街を変化させるために一番影響力があるのも不動産。不動産の領域って可能性があるんじゃないか。その仮説が、建築学科に進学したものの設計に興味を持てなかった私を、不動産の道へと導いた。私が就職した2009年は、奇しくもリーマンショックの翌年。不動産デベロッパーが一気に傾いた時期だったが、それすらも、小さなデベロッパーに門戸が開かれるチャンスとさえ思えた。

当時想い描いていた小さなデベロッパーともいえる、不動産プランナーとして独立して5年が経った。ようやく、安定的に望んだ仕事が舞い込み、それに応えられる体力もつき、構想を具体化できてきたよ

うに思う。このタイミングで、本書を出版できたことを嬉しく思う。

本書は、これまでの不動産プランナーとしての仕事を事例ごとにまとめている。全て自ら実践したことなので、教科書のように体系的に学べるものではないが、リアリティはあると思う。

構成としては、1章は不動産プランナーとは何かを概説する。2章は不動産業の基本である仲介で街と建物の価値を上げられる事例。3章では不動産プランナーの特徴、企画・仲介・運営を一括したプロジェクト。4章では、3章をさらに街に展開していくプロジェクト。5章は街を変える仕組み自体をつくろうとしている話だ。章を重ねるごとに、仕事の領域が建物単体から街へと広がっていく。実際、独立してから、私の仕事もこの順にほぼ時系列で進んできた。

手前味噌だが、はじめてオーナーさんに会ってひとしきりお話しすると、最後によく、「岸本さんに頼むと、きっと良い場にしてくれそうな気がする」と言われる。空き家活用、相続問題、銀行にお金を借りてまでの事業…気が重いことばかりだからこそ、楽しくイメージを描ける心強いパートナーが必要だ。ストーリー仕立てで書いているので、物語を読むように楽しんで、読み進めていただければと思う。

「アッドスパイス」という会社名は、「世の中に面白みを添える」を意味している。停滞した世の中や建物にスパイスを加え、少しでも面白く前に進めることができれば。その想いを会社名に託した。

不動産や建築関係者に関わらず、今を生きる私たちの暮らしをちょっとでも豊かなものにしたい。そう考える同志に、本書が何か刺さるものを供していれば幸いです。

2019年4月
岸本千佳

はじめに ……3

1章 人と街をプロデュースする不動産プランナーの仕事 ……9

プランナーの職能―プロジェクトの育て方 ……10

[相談] 「どうにかしてほしい」というオーナーに寄り添う ……15

[調査] 街は歩いて情報収集する ……18

[企画] 借り手が絶対に見つかる、不動産視点からの提案 ……21

[設計・施工] 企画に相応しいプロジェクトチームをつくる ……28

[募集] オーナー・物件と借り手の相性を重視 ……31

[管理・運営] 使い手の自主性を重んじ、サポートする ……34

「不動産のプロ」がまちづくりに関わる意味 ……34

私が不動産プランナーになるまで① 建築を志す ……38

2章 仲介のデザイン――街と建物の価値を上げる ……41

CASE 1 駐車場をバーに――エリアに望まれた夜の居場所 ……42

[相談] 仲介から始まる企画 ……43

[活用] エリアはアンダーグラウンドなバーを求めていた ……45

[仲介] 100人のまぁまぁいいねより、8人の超いいねを目指す ……46

[管理] トラブルを事前に回避する細やかな対応 ……50

CASE 2 京都×ITベンチャーの"らしさ"を両立するオフィス
――歴史あるエリアにオープンで新しい文化を ……53

[相談①] 〈町家IT事務所編〉京都らしいオフィスが欲しい ……54

[物件探し] 京都らしい＝町家なのか ……54

[仲介] DIY物件を優先して探す ……56

[DIY] 専門家に一部を依頼 ……57

[相談②] 〈4年後の呉服店ビル編〉早くも町家オフィスが手狭に ……62

仲介	元遊郭エリア・元呉服店とIT企業の相性	64
DIY	再びメンバーでDIY	65
街の反応	意外とエリアに歓迎された	67

インタビュー〈元呉服店ビルオーナー×ヌーラボ京都メンバーリーダー〉 69

妄想活用コラム① ITベンチャー × 老舗織物業 71

CASE 3　倉庫をクリエーターの実験可能なオフィス空間に
　　　──一般的なイメージにこだわらない企画と賃料設計 73
相談	倉庫活用と仲介の依頼	74
企画	一般的なイメージにとらわれない	74
内装	生活感を見せない空間	78
施工	クリエーターの作品をオーダーできるオフィス	78
転貸	自分よりうまく活用してくれる人に貸す	83

妄想活用コラム② 泊まれるショールーム 86
私が不動産プランナーになるまで② 不動産への気づき 88

3章　企画・運営のデザイン──街に場をつくる 91

CASE 1　小規模不動産投資のデザイン
　　　──マンションを購入してシェアハウスに 92
相談	シェアハウスありきの依頼	93
物件探し	神戸らしい立地にこだわる	96
企画	欠点にとらわれすぎず長所を伸ばす	103
収支計画	地方のシェアハウス事情を見込んだ収支計画	106
チーム編成	少数精鋭のチーム	107
設計・施工	施工費に緩急をつける	109
内装	見せ場のつくり方	112
募集	見知らぬ地ではあらゆる手段を駆使	114

| 管理 | 皆が気持ち良く暮らせる管理 | 118 |

インタビュー〈Lis Colline 神戸岡本オーナー〉 ……120

CASE 2　デメリットをメリットに
　　　　──線路沿いのアパートをシェアアトリエに ……122

相談	同業者からのおこぼれ案件	123
調査	京都駅周辺は京都の最後にして最大の未開拓地	123
企画	街・場・人の特徴を整理する	129
ターゲット	クリエーターとは誰のことなのか	133
建築計画	シェアすることのメリット	137
収支計画	オーナーとともに責任を負う仕組み	140
チーム編成	建物の魅力を分かってくれる施工者	141
募集	見学会の代わりにマーケットを開催	146
運営	エリアを読めれば必ず場が回る	149

妄想活用コラム③　シェア別荘 ……152
私が不動産プランナーになるまで③　東京での会社員時代 ……154

4章　不動産プロジェクトのデザイン
　　──街に暮らしと商いを生む ……157

CASE 1　小商いを生む街づくりの始まり ……158

相談	空き家を買ったオーナーからのメール	159
調査	住む人の行き場が無い観光地	160
企画	エリアの5ヶ年計画を立てる	165
収支計画	若手が出店しやすい条件設定	168
建築計画	設計者の選定	169
デザイン	コミュニケーションに必要な3つのデザイン	184
募集	現場見学会と審査戦略	187

| 運営 | 順調な3つの小商い | 198 |
| 街への伝播 | 3年足らずで界隈に店舗増 | 199 |

CASE 2　和歌山市内の街なかに、魅力的な賃貸住宅をつくる …200

きっかけ	無いものは自らつくる	201
調査	楽しく便利、歴史もある街なかを実感	207
チーム編成	地元と若手の工務店が協業する	210
建築計画	オフィスビルのメリットを活かす	213
ヴィジュアルデザイン	質感のある暮らしを表現	215
募集	街なかに住み、働く良さの伝え方	218

私が不動産プランナーになるまで④　京都での現実 …224

5章　街を変える仕組みの提案
——高齢者の自宅の一室に学生が暮らす …227

CASE 1　高齢者と大学生の同居促進事業——京都ソリデール …228

きっかけ	京都府が事業者を募集	229
調査	京都の3つの資源——大学生・クリエイティブ層・高齢者	232
企画	暮らし方の文化をつくる	239
募集	名乗り出てくれる高齢者探しが難航	242
管理	干渉し合わない2人の関係	248

妄想活用コラム④　緩やかな介護型ソリデール …251

おわりに …253
本書に登場した店舗・プロジェクト情報一覧 …254

1章

人と街をプロデュースする不動産プランナーの仕事

本章では、不動産プランナーとは何か、どういう仕事なのかを、①相談、②調査、③企画、④設計、⑤内装、⑥施工、⑦募集、⑧管理の手順にそって詳細に説明する。

世の中にはまだ知られていないこの職能が今の社会にいかに必要か、一般的なイメージにとらわれずに不動産という仕事の可能性を知ってほしい。

プランナーの職能──プロジェクトの育て方

リノベーションは社会課題を解決する手段

　近年、「リノベーション」という言葉は広く一般に周知され、古い建物を活かしおしゃれに変貌させるための代名詞として認知されている。リノベーション業界に就職した 2009 年当時は私自身そう考えていた。しかし今、私はそのためだけにリノベーションを業としているわけではない。実際、ここ 10 年で時代とともに「リノベーション」という言葉の意味することが、変化していった。リノベーションは、1 部屋から 1 棟、街へと広範囲に広がる側面があるとともに、リノベーションする行為自体が、目的から手段へ変わっていった、といえるのではないだろうか。

　私にとってのリノベーションは、オーナーの困り事に寄り添うことや時代に合った使い手のニーズを汲むこと、社会的課題を具体的に解決するために存在している手段だ（図 1・1）。それを不動産プランニン

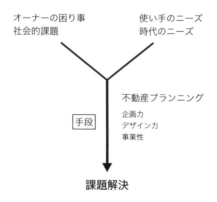

図 1・1　課題を解決する手段としてのリノベーション

グという方法を用いて実現している。それには、企画力・デザイン力・事業性の見極めなどが必要とされる。単にひとつの建物をリノベーションすることだけではない。建物やオーナーの困り事に潜んでいる社会課題を解決する。

　例えば、近年京都では、木造賃貸アパートの活用の相談をよく受ける。なぜなら、借りる人がいなくてオーナーが困っているからだ。京都には、戦後大量に建設された賃貸アパートが、今では安い学生向けマンションに客足を奪われ、古びた空きアパートとなり街の中に取り残されている、という地域課題がある。それらはほぼ同時期に建築されたため、建物を活かすか潰すかの判断に迫られるのも同時期。つまり、今まさにこの問題に直面している建物が京都にはたくさん存在しているのだ。

　地域や時代によって抱える課題は大きく変わる。だからこそ、時代に柔軟に解を出していく必要がある。

企画・仲介から管理・運営まで、一気通貫で関わる

　では、不動産プランナーのリノベーションの仕事とは、どんなものだろうか。私の普段の仕事の流れを解説していこう（図1・2）。

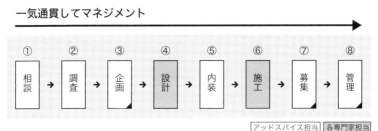

図1・2　不動産プランナーの建築リノベーションプロジェクトの進め方

まず、建物を所有しているオーナーから「ざっくりとした相談」が来る（①）。その後、建物やエリアを調査し（②）、建物・エリア・オーナーなどの状況を鑑みて企画に落とし込む（③）。企画が通れば、プロジェクトに適切な設計者と施工者と一緒にチームを組み、設計し（④）、工事をする（⑥）。ただし、設計・施工は外注だが、確実に客付けできるよう内装は自ら行う（⑤）。工事完成後は、使い手を募り（⑦）、運営・管理を行う（⑧）。この流れを一貫して１人で行っている。設計者と施工者は外注することが多い。物件規模・用途やオーナーとの相性などにより、毎度チームを編成している。

　どうやらこの一気通貫して１人でマネジメントしていることが、私の特徴だといえるようだ。中小規模のプロジェクトが多いとはいえ１人で担っていることによく驚かれる。前職では、この一連の流れを分業していたが、全てのプロセスを経験していたので、特別新しいことをやっているつもりはなかった。しかし、リノベーションのプロジェクトでは、同じ人がこの一気通貫のフローを担った方が、プロジェクトをしっかりと軌道に乗せるところまで持っていきやすい。

　私は以前から、物件の仲介を通じて不動産業者とやり取りをすることが、性に合わずストレスだった。古い業界の習わしや理不尽な理由で申込みを断られるなど、スピード感を持って仕事ができないことが多いのだ。逆に、想いを持ったオーナーと仕事をする分には、全て自分の責任の範囲で事が起こるので、全くストレスが無かった。そのような消極的理由から、いかに他の不動産業者と接触せずに、想いあるオーナーや借主と一緒に仕事ができるか、を考えた結果でもあった。

　通常の流れとしては、まず、オーナーは不動産コンサルの開発会社などに相談する。取引先の銀行に相談して紹介されることもあるだろう。

　調査・企画も引き続きその会社が行う。その後、設計してもらう建築士と施工する工務店が、オーナー若しくは開発業者の紹介で決めら

れる。オーナーに知人などがいれば、オーナーが決めることが多い。そのあと、使い手の募集も、オーナーが近くの不動産屋を探して連絡するなどして探す。管理会社が仲介を担ってくれるとは限らないので、別であればオーナーが自ら探さなくてはならない（図1・3）。

オーナーに寄り添い、負担を軽減する

ここまで見れば分かるが、オーナーが先頭に立って、能動的に動かなければならないことが多すぎる。オーナーとは、物件を何らかの事情で所有している人であり、高齢なことも多い。高齢でなくても、専門外であれば、多種の業者に依頼し工程管理まで行うことは、相当に難しい。たとえ能力があったとしても、本業が別にあればその仕事に差し支えのある業務量だ。

自分がオーナーの立場だとしたら、一貫して自分の代わりになってくれる存在がいたらどんなに心強いだろう。気になることがあったらその人に全部伝えて後はお任せする。建築士も工務店も、自分で選ばずとも適任の人を見つけてくれる。客付けできる内装デザインもお任せする。それでいて、収支も合う安定した経営ができる。オーナーの心理的負担を軽減できるのが、この仕組みの一番の利点である。

また、一任してもらうことで、多くの人に依頼する必要が無いので、

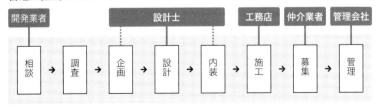

図1・3　従来のプロセス。オーナーは各過程で各分野の専門家に相談することになる

経済的負担も軽減できる。かかる費用も明確になる。何でも、大人数より少数精鋭の方がエッジの立った質の高い物件がつくれる。

　そして何より、最初から最後までぶれず、芯のあるプロジェクトとなる。人が入れ代わり立ち代わると、最初に描いていたコンセプトや想いがいつの間にか消えて、使い手に届くころには伝わっていない。そもそも、企画時に想定していた使い手に使ってもらえていないこともある。実際にそのようなケースを多く見てきた。著名な建築家が理想を掲げてつくった建物が、家賃が高くリーシングがうまくいかず、結局家賃を支払えるドラッグストアがテナント入居している。建築家はその事実を知らないか、目を背けるだろう。誰か1人でも最初から最後まで見届ける人がいれば、どこかのタイミングで軌道修正ができたはずだ。建築に関わるものとして外せないポイントで、何よりも建築的だと思っている。

　企画から仲介、管理まで行うのは、正直言って手間がかかり大変だ。自らが提案したものがダイレクトに評価されるので、自分の報酬にも影響する。関わる期間が長いので、上手くいかなくても逃げられない。それでも一貫して引き受ける理由は、オーナーに寄り添うことで、企画の意義が世の中に証明されるからである。

　また、オーナーは、建物から逃れられない。大金を銀行から借り入れる場合もある。よく、オープン時は上手くいったものの、初回の入居者が出ていくと力を失い消滅するプロジェクトがあるが、オーナーの事業への重みを考えると、軽薄だといえる。借り手にとって必要な商品をつくることは当然だが、そのためにオーナーにいかに寄り添えるかは、不動産プランナーに必要な力だと思う。

案件に至らなかった場合の考え方
　依頼から着工、運営開始まで、スムーズにいけば6ヶ月程で進行す

ることもあるが、提案したもののオーナーの都合で着工しない場合ももちろんある。親族間の折り合いがつかなくなったり、予算がどうしても合わなかったりと理由は様々だ。

そこで、相談から企画までをひと区切りとし、企画フィーと運営・管理フィーを分けている。これによって、もし案件が何らかの事由で進まなくても、両者ともに嫌な思いをしなくて済むし、企画だけ提案していた事業が、数年後状況がまとまって改めて依頼いただくこともある。遠方などで運営・管理ができない場合やオーナーが運営したいという場合は、企画のみで入ることもある。ただし、運営だけでは、基本的には請けていない。なぜなら、他人が企画したものに運営責任を負うことはできないからだ。通常、大手デベロッパーなどであれば、依頼される側がその線引きを行っていると思う。小さな規模の会社だからこそ、自分の意思を企画に反映したうえで管理は極力柔軟に対応したい。

建築設計を生業にしているわけでもなく、工事を請け負うわけでもなく、不動産プランナーという未開の職能だからこそ、一つひとつの案件について自分が依頼主の立場に立って想像して、依頼主が納得し報酬を支払える方法をデザインしている。次は、流れの一つひとつを見ていこう。

相談
「どうにかしてほしい」というオーナーに寄り添う

依頼はたいてい、ざっくりしている

「ざっくりとした相談」というのは、「ホテルをつくってほしい」「カフェをつくってほしい」というように建物の活用方法が具体的に決まっているわけではなく、「この建物をどうにかしたい（だけど、どう使ったらいいか分からない）」という相談で、ほとんどがこの種の依頼で

ある。依頼は知人や同業者を介した紹介もあるが、これまで出たメディアやWEBサイトから私を知ってくださってメールや電話をいただくことが多い。元々建物を所有している人と、投資目的で購入した人が半々。後者の投資家には、京都の物件を所有することをステータスと感じている東京の人や中国など海外の富裕層も多い。投資家の知人のなかには、「町家が好きで、町家再生に貢献できる手段だから購入している」という方もおり、必ずしも投資目的だけではない投資家が存在するのが、京都という都市の魅力ともいえる。

そもそもどうやって仕事が舞い込んでくるのか、とよく聞かれる。独立当初は、知人を介した紹介が多く、地道に実績を重ねてきた。京都に帰って1年後の2015年1月にNHK・Eテレの『U29人生デザイン』、2016年には関西テレビ系列『セブンルール』といったドキュメンタリー番組にも運よく出演させてもらい、WEBメディアなどにもよく掲載されるようになった。それ以降は、生き方を含めて私に共感してくださった方から、案件の相談をいただく機会も増えた。2016年に出版した新書『もし京都が東京だったらマップ』(イースト新書Q)の読者の方からのご相談も継続的にある。自分自身がメディアになることで、仕事のきっかけをつくってきた。今回の本を書いた理由もそこにある。飛び込み営業は苦手なので、行っていない。

相談される建物の所有者は60歳以上の高齢者が多い。若しくは、相続のタイミングでその子世代に所有が変わってから相談を受ける。

後者は30〜50代で、近年増加傾向にあり、PCスキルを持ち、インターネットで検索できる人がほとんどである。そのため、必ずプロジェクトごとに専用のWEBページを作成している。SNSだけでは、見る人が限定される。他にも、自社のWEBページを見やすくつくり込んだり、趣旨に共感できるWEBメディアの取材を受けるようにしている。

問題は前者だ。高齢の所有者には、新聞・テレビ・書籍が効果的だと身をもって学んだ。ただし、視聴者の態度は受動的で気軽なため、テレビの反応の多さには期待しすぎてはいけない。テレビは動画なので、良くも悪くもそのまま仕事の様子が伝えられるため、ドキュメンタリーに限って出演している。書籍はより積極的な関心が必要で、購入し読了してもらわないといけないためハードルが高い分、真剣な相談が多い。私のリノベーションの仕事を理解したうえで、建物単体の改修に留まらず街に波及するような相談案件が多い。どちらにせよ、メディアに積極的に露出することで、私の仕事ぶりを知ってもらい、呼び水をつくり、それにかかる人を待っている。

　呼び水戦法は、実は、苦い経験に基づいている。京都に戻ってきた当初、街なかを歩いて気になる物件をピックアップしては、法務局で所有者情報を割り出し、住所先に手紙を書いていたが、全く振るわなかった。この街が、地縁や知り合い経由で仕事が成立していることを分かっていなかったのだ。つまり、全く知らない人から一方的に来られても、京都の人は反応しない、むしろ懐疑的に思うだろう。また、立場もある。例えば私がカフェの店主のような事業主であったら、話を聞こうという人もいたかもしれないが、あくまでも不動産業者としていけば、「何か儲けるために話持ってきはったわ」と思われるに違いない。

　体育会系営業マンの猪突猛進のタックルより、茶道のようにおもてなしの心で依頼したくなるようにお誘いする。それが、この街には合っているのだろうと思う。そのためにも、まずは知ってもらう機会をつくることが大事なのだ。

依頼物件の特徴

　私に依頼される案件の建物は、リノベーション目的の既存建物がほ

とんどだが、アパート1棟や母屋＋離れの複数棟、ときには牛舎（草原付）など、比較的規模の大きな建物が多い。不動産屋に行っても、設計事務所に相談しに行っても解決できそうにないなかで、ようやくたどり着いた最後の砦なのだ。普通の一戸建てであれば、不動産屋に頼んで仲介してもらえばいいわけだ。そのため、私に寄せられる依頼は難解な物件であることは当たり前。活用方法から提案する以上、仕方がないことだ。むしろ、自分にしか解けそうにない問いを、鮮やかに解くことに快感を覚える。

　逆に、お断りするのは、自分でなくてもいいと思う場合だ。例えば、一戸建てをリフォームして賃貸に出す場合、私より地場の不動産屋の方が手慣れた良い働きをしてくれるだろう。

　依頼があればまず、物件にお伺いし、建物と依頼者に会わせてもらう。京都をはじめ関西圏が多いが、ときには名古屋や東京など、面白そうな案件で自分が役に立てそうであれば、見境無く出向く。

調査
街は歩いて情報収集する

　市町村の統計など、定量的なデータを調べるが、それは最低限誰しもすべきこと。私が一番重要視していることは、街や物件の現場での情報収集だ。

　よく、「どういうポイントで街を見ているのか」と聞かれるが、定量的なデータだけでは分からない街のエッセンスを掴むために、対象の雰囲気が伝わる場所に身を置いて徹底的に観察してみる。具体的には、駅前の喫茶店で街の会話を聞いたり、反対側から歩いてくる人の服装からこの街に暮らす人の属性を感じ取ったり。ゴミの出し方や玄関先の花の手入れをチェックすることもある。たとえ、同じスターバックスであっても、エリアはもちろん時間帯によって、部活帰りの高校生、

夏休み中の観光客、お受験ママと、客層も会話の内容も変わる。

　もともと街やそこにいる人々を観察するのが好きというのもあって全く飽きない。そこに、街の空気の一部があると信じている。街を練り歩く中で、特徴を咀嚼したり、街の近未来を調査したりして、街にとって必要なものが一体どんなものか整理していく。

過去と未来の調査──土地のポテンシャルを計るための情報収集

　また、調査対象は現在だけではない。その街で過去に起こった事件や歴史を文献などで調べる。昔の人が大切にしていた産業や文化、人がキーポイントになることもある。御所の近くにある知人が経営するカフェ「タイム堂」は、前の用途が老舗の時計店で、その店と元店主があまりにも素敵だったことから、業態は変わったが店名をそのまま引き継がせてもらったそうだ。

　そして、未来を描くことも同じくらい重要だ。行政や民間の大規模な開発予定や撤退は、街の根幹にかかわることだってある。例えば、「SOSAK KYOTO」(p.122) の場合、2023年に、同駅の反対側に芸術大学・高校が移転する予定だという情報が発表されていた。2019年には、徒歩5分のところにJRの新駅ができることも決まっていた。建物を使うということは大きなお金が動く。収益を見るには1年先どころか、ある程度の期間のまちの変化に耐えられるよう計画せねばならない。このような大きな街の変化を建物の企画時に把握しているか否かで、その後の経営・運営に大きく影響してくる。そのため、地方新聞やSNSなどでエリアの情報収集は欠かせない。

法律・条例の調査

　建物を計画する際には、建築基準法や都市計画に関する様々な法律を遵守する必要がある。例えば、「ゲストハウスをつくりたい」という

相談の場合、用途地域はまず初めにチェックする項目である。用途地域や防火地域など、どの物件でも共通して調べるものもあれば、地域特有の条例などもある。京都などの歴史的に古い街では、景観条例が細かく設定されている。物件の看板ひとつとっても、詳細な基準で色彩まで指定されている。それによって企画段階でその内容をしっかりと把握しておく必要がある。ここは、建築士任せにせず、企画段階で自ら動く。

　様々な法律・条例が絡むため、管轄する場所も、市町村の建築審査課や保健所、消防署など様々で、それらを統合して、組み立てる。知識や経験も必要なため、これをオーナーが自らするには相当難しい。オーナーはもとより、不動産業者や建築士であっても、横断した知識を持ち把握できている人はなかなかいない。不動産業者が用途地域が既にホテルのできない地域の物件をホテル向きとして売っている広告を見かけたことがある。

　私は、ありがたいことに、わりと複雑な法解釈の要るシェアハウスやコンバージョン物件を手掛けてきたおかげで詳しくなった。そこで、同じような経験を持つ建築士の友人とともに、「カフカリサーチ」というサービスを2016年7月に立ち上げた。カフカリサーチは、計画されている物件で、ゲストハウスやシェアハウス、複合施設など特殊な活用ができるか否か（「可か不可か」でカフカと命名）、法的な見地から調査するサービスだ。50件以上の特殊物件の実績を持つ建築設計と不動産の専門家がタッグを組み、実績をもとに想定プランを作成し実現可能か否かをアドバイスする。どんな法律が関わってくるのか？　想定する用途に合う物件なのか？　ベッド数はいくつとれるのか？　事業として成立するのか？　誰に頼んでいいか分からない、こんな疑問に応える。

　なぜこのサービスを立ち上げたかと言うと、普段の仕事の中で、私

にも、パートナーの建築士の友人にも、そのような依頼が多かったから。そして依頼者にとっても自分たちにとっても、まず、ここをクリアにしないと仕事が始まらないからだ。

企画
借り手が絶対に見つかる、不動産視点からの提案

不動産プランニングに必要な3要素は「街（環境資源）・場（空間資源）・人（人財資源）」だ。なお、人財は財産という意味で、「材」ではなくあえて「財」と表記している（図1・4）。

環境資源は、先ほど調査のところで説明したように、街を観察しその街に足りていないこと、必要とされていること、街のキーポイントになり得るものなど、街が求めているものを丁寧に読み解く。

空間資源は、建物。頭で考えることも大事だが、建物に初めて入った時の五感で感じる第一印象も同じくらい大事にしている。建物にも人格のようなものが備わっていると考えているからだ。建物にどう使

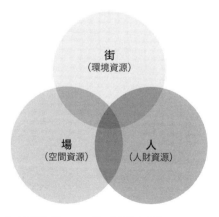

図1・4　不動産プランニングに必要な3要素

ってほしいかを聞く瞬間だ。

　そして、人財資源。オーナー、地域の人、使う人。関わる人の関係を整理し、ポテンシャルの高そうな人は積極的に前に出てもらう。建物だけでなく人の元々持つ魅力を活かすことも大切な仕事だ。

　こうして、街・場・人の持つ価値や良質な資源を捉えて、それをつなぐことで、初めて企画として具現化できる。どれが欠けてもいけない。この建物をどういう人が使ったら幸せか、人が使っているシーンが映像で脳内再生されるまで、現地に出向き、数種類の用途を並行して考え、電卓をはじき、何度も何度も練る。世の中に必要とされているものを汲み取ってできた事業の企画は、そのニーズが間違っていない限り、大きくは失敗しないはずだ。

借り手が絶対に見つかる企画の考え方
―リノベーションや用途ありきではなく、不動産視点から始める

　これまで、一般的に考えられるプロジェクトのつくり方といえば、コンサル会社やデベロッパーが計画したものを、ゼネコンや工務店が形にし、不動産業者がリーシングし、使い手の手に渡るという流れだった。しかし昨今、運営や使い手側が主体となっているプロジェクトが増えてきた。シェアハウスやDIY住宅はその顕著な例と言える（図1・5）。どうしてこのような傾向が生まれたのか。昔のように新築で建築する大きなプロジェクトが公共建築でも商業施設でも減り、既存建物の改修といった小さなプロジェクトの時代に突入したことが一因と言える。小さなプロジェクトでは、予算も時間も限られており、一旦、プロジェクトが始まると即時の判断が要求される場面が多い。そこには運営側の人間がいた方が適切な判断ができる。また、実際に運営する人の特徴から企画を考えたり、使える予算から逆算した方が現実的で、プロジェクトが破綻しにくい。そして、そこでしかできない

オリジナリティのあるプロジェクトがつくれるのだ。

　また、これまでは企画者が事業主に近い立場であることが多かったが、現在は、運営者がイコール事業主であることも多い。この、川上・川下の逆転の発想を、現在のプレーヤーたちはナチュラルに受け入れていると思う。

建物のマイナスとプラスは表裏一体

　街や建物を検討するときは、マイナスとプラスの両面をフラットに見るようにしている。ただし、一般的な評価軸ではなく、主観でものを見るようにしている。内向的な人が思慮深いように、マイナスとプラスは表裏一体。誰もがマイナスと思いがちなことは、価値化できるチャンスなのだ。例えば、「SOSAK KYOTO」（p.122）では、誰もが否定的に捉える「線路沿いで騒音がうるさい」建物を逆手に取り、「音を出してもいい」建物へと価値を変えた。

収支計画とストーリーが両立するプラン

　このように入念に下調べをして、それをラフプランにまとめて企画

図 1・5　不動産プロジェクトの考え方

1章　人と街をプロデュースする不動産プランナーの仕事

書に落とし込む。

現在の物件・エリアの評価、平面図で使用方法を提案、大まかな収支計画などをこの時点で提出する。いくらプランが良くても収支が成り立たないとオーナーも事業化に着手することはできない。オーナーが判断できるだけの材料を揃えておく。他にも、具体的に事業の中で組みたいパートナーの提案や、頼まれていなくても、ロゴの原案やプ

ストーリー
元小学校から酪農場、そしてブルーベリー観光農園への再生

場のストーリーを売る

元小学校から酪農場、そしてブルーベリー観光農園へ。
このストーリーは他にはない、A農園ならではの最大の強み。
全国200カ所あるといわれるブルーベリー観光農園のなかでも、
特異性を出すことが、農園成功にも必要となる。
食品・新しい建物をつくって売りになるだろうか。
その際、売りになるものは、ここで紡いできた
「場のストーリー」といえる。

【1960〜70年】
元小学校校舎
【1972〜2017年】
酪農場
【2020年〜】
ブルーベリー観光農園

"ふたたび学び育む場"へ、過去から受け継ぐ未来

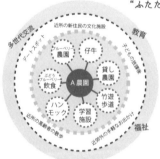

ブルーベリー農園	土に触れる機会の少ない昨今、体験しながら摘み取ることができる。
ブルーベリー飲食	実際に摘んだブルーベリーが加工されているさまを見て食すことができる。
ハンモック	非日常の癒し、一人になれる空間を日常的に体感できる。
仔牛	大型動物に触れる機会の少ない昨今、生命の力を体験できる。
貸し農園	近隣に貸し農園を提供することで日常的に人が出入りできる。
竹遊歩道	竹の遊歩道で、日常的に近所の人に楽しんでもらえる場とする。
学習施設	子どもの学習関係のテナント賃貸を入れることで、場に広がりが生まれる。

単なる観光農園ではなく「学び」というコンセプトのもとコンテンツを結合する。そうすることで、相乗効果のある施設が成立する。
これらは、郊外に不足していた、真の学びのコンテンツといえる。
また、近郊の所得層の高い新住民のファミリーや高齢者などには、求められている場といえ、
次世代のコト消費において、体験は絶対に外せないキーワードとなる。

図1・6 企画書の一例。ブルーベリー農園の提案だったので、図もブルーベリーの実を模してデザイン。一目で分かりやすいことも重要だ

ロジェクトの名称案も、必要であれば自ら作成する（図1・6）。

　また、企画提案の前に、必ずその提案に至った構想のプロセスを説明するようにしている。相談の段階では、オーナーの考えがまとまっている場合の方が少ない。ヒアリングして一緒に考えた結果を、言葉や図で示す。オーナー自身が悩んでいたことが図式化され明確になるからだ。また、ここまで自分たちのことを考えてくれる人がいるなんて！　と非常に喜ばれる瞬間でもある。一問一答である既存の建物のリノベーションならではのオーダーメイドのプレゼントだ。

コンセプトと「○○風」は違う

　「北欧風」「ヨーロッパ調」「東京っぽく」などの言葉は多用されているが、その言葉を発する以上、その○○を超えることはないだろう。北欧家具は北欧発のデザインだから素敵に見えるのであって、それをコピー＆ペーストして、そのまま日本に持ってきても、風土が違うなら、ハマらないこともたくさんある。シェアハウスでも一時期、どこの事業者もIKEAの綿毛のような大きな照明をリビングに使用していた。たしかにIKEAは安くておしゃれだし、IKEAを使うのが悪いと言っているわけではない。そこには、「IKEAを使えば若い女性は好きでしょ」という安易な考え方が見え隠れしている。現在の宿泊施設の一部にも、同じような傾向が見られる。近年、使い手も目が肥えてきているので、安易な考えかどうかは空間を体験してみると伝わるものだ。必ずコンセプトに立ち戻って、椅子ひとつとっても吟味する。もし、そのコンセプトが○○風であるなら、それはコンセプトとは呼ばないので、再度深堀りして、この物件の良さを考え直したほうがいい。

運営まで見据えた企画・設計

　現地調査で初めに物件を訪れるが、差し押さえにあったり、夜逃げ

された訳ありの物件に遭遇することもある。荒んだ部屋は空気が重く悲壮感に溢れ、建物が可哀想に思えてくる。それを、職人さんの力で工事してもらい、美しく見違えるように変貌させる。これを俗に「ビフォーアフター」と言うが、私の場合、ここで終わりではない。その後、例えば、若い女子が住み、皆で夜ごはんをつくってきゃっきゃ暮らしている状態まで見届けるのだ。この状態を「アフター・アフター」と呼んでいる（図1・7）。

最初の途方もない姿の時は、本当にここを人が住める状態にまでつ

図1・7 ビフォーアフターでは終わらない。その後に、人が使っているさま、"アフターアフター"が待っている

くれるのか自分たちでも不安になることもあるが、建物ができ、人が楽しく暮らすところまで見ることができるのは、建築士でも工務店でもなく、不動産プランナーだからこその醍醐味だ。私は、現場の職人さんが好きで、缶コーヒーを差し入れし休憩時間に話すのも好きなのだが、職人さんたちはまだ見ぬ使い手を想像して、少しでも使い勝手の良い空間を気を使ってつくってくれる。逆に、時を戻して、使い手が職人さんの姿を間近で見ることはできないので、職人さんの気持ちのバトンを受け継ぐというか、そんな気持ちもある。だから、内見時には、休憩中に職人さんに聞いた施工のこだわりポイントも伝えるようにしている。人が、自分のために考えてつくってくれた空間、コピー&ペーストでつくられた社会で暮らす現代人には、それだけでも価値がある。

　私にとっての完成は、建物の完成時ではなく、人が使っているさまをこの目で見たとき。建物の完成時は、50％くらいの気持ちでいる。

借りる人、使う人に愛されてこそ企画は成立する

　建物が使われてはじめて完成すると考えるのは、使い手が見つからなければ意味がないからだ。建物はつくる期間より、使う期間の方が圧倒的に長い。使う人に愛されるものでなければ意味がない。

　また、誰が使うかが大事だ。例えば、「若い女性」に使ってもらおうという設定では、ターゲットが広義すぎる。どんな若い女性なのかという考えが不足している。年齢や性別で判断するよりも、どんな人かを考える方がプランニングしやすい。例えば、「こういう雑誌を読みそう」で例えてみると分かりやすい。赤文字系雑誌『CanCam』を読むような女性か、高感度なライフスタイル誌『& Premium』を読むような女性か、はたまた、ナチュラルな服や生活志向の『リンネル』なのか。雑誌を介してライフスタイルの具体的イメージが湧いてくる。

オーナーの意見と不安は全て確認しておく

　オーナーは大きく分けて、企画に参加したいタイプと全てお任せしたいタイプに分かれるが、どちらにも対応し、着工前にオーナーの意見・不安要素は全て確認しておく。途中で出てきても取り返しがつかないことも多く、建物への投資は金額が大きい分、慎重に進めたい。

　オーナーはたいていの場合、物件に入居者が入るまで半信半疑である。それに怯んではいけない。企画についてもその進め方についても極力丁寧に説明するが、建物が立ち上がって、実際に借りる人が目の前に現れてはじめて、このプロジェクトをやって良かったと判断してもらえる。それは、仕方がないことなのだ。だからそれまでは孤独で苦しい道のりだが、自分の練った企画を信じ、進み続けるしかない。

設計・施工
企画に相応しいプロジェクトチームをつくる

チームづくり（設計・施工・デザイン・WEB・写真）

　固定のメンバーを持たず、毎回企画に相応しいチームをつくる。設計者・施工者・グラフィックデザイナー・WEBデザイナー・カメラマン。加えて、動画クリエーターに入ってもらうこともある。毎回同じ役割が必要というわけではなく、予算や建物の条件によって変わってくる。何でも、少数精鋭の方が話がスムーズで、エッジの立った質の高い物件がつくれる。大事なのは、その場その場の条件で本当に必要なチームを編成できるかだ。

　設計者と施工者も同様に、外注している。物件規模・用途、建物やオーナーとの相性などを熟慮し、プロジェクトごとにチームをつくっている。チームを固定するより、状況に応じて適切な人と組むことができるので、毎度チームをつくるのはひと苦労ではあるが、プロジェクトを円滑にマネジメントするためのルールにしている。

最近は、チームに建築士を入れず、設計・施工のできる施工者と組むことが増えている。私と施工者で設計部分を補う形だ。施工者は、建物完成後の使い勝手を一番に考えてくれる。最近は、同世代でセンスの良い建築設計・施工事務所と出会えたので、そういう人たちと一緒にプロジェクトを進めるのが合っているように思う。しかも、設計費が抑えられるというメリットもある。もちろん、規模が大きかったり、構造が複雑な場合は、設計専業の建築士と組むことも多分にある。
　チームになってくれる作り手たちは、その技量があれば誰でもいいわけではない。例えば、WEBデザイナーの場合、WEBを制作してくれる人はゴマンといるが、コーディングが得意な人や、デザインに長けている人など得意分野も様々だ。中宇治yorrn（p.158）の案件でお願いしたWEBデザイナーは、イラストも描ける人だった。物件全体のグラフィックをお願いしている別のデザイナーにWEBのイラストはお願いしたのだが、自身もイラストを描けるWEBデザイナーなら、バランスも見られるし、グラフィックデザイナーの手法も掴めるだろうから、やり取りしやすいと思って依頼した。
　また、プロジェクトが「大人の女性が訪れたくなる場所」を掲げていたので、そういう雰囲気をWEBサイト上にもまといたく、これまでの実績を見て相性が良いと思ったのも理由だった。
　つくれたら誰でもいいわけではない。毎回作り手同士の相性、オーナーとの進行速度や性格の相性をみて依頼し、チーム編成をしている。

専業＋何かできる人と組む
　建築士であっても、デザイナーであっても、施工者であっても、専門分野以外のことも分かる人と組むことを心がけている。例えば、施工者だけれど建築設計もできる人。自分自身が不動産だけど建築出身ということもあり、そういった人と組む方が、境界を横断して共通言

語をもって話し合え、より良いものがつくれると実感してきた。旧来の分業制では、それぞれが専門特化され各パートの領域の壁が高すぎるあまり、設計者が知らない間に勝手に工事が変更されていたなどといった問題が度々発生する。それを防ぐためにも、自分のパート以外についても知識や経験があるとチェック機能になり、相手の想像力が働き互いに議論して、質の高いものへと昇華しようとする姿勢ができる。

内装は運営をふまえて仕上げる

　設計・施工を外注したとしても、客付けできるかどうかを決める内装のデザインは重要なため、自ら担当する。壁を塗装にするのか壁紙にするのか、塗装にするならどんな色にするのか。フローリングは、風合いを考えて金額が高くても本物の無垢材のフローリングにするのか、掃除や手入れのしやすさを考えてリアルな木目調のクッションフロアにするのか、照明器具はどんな形にして、家具はどこで買い付けるか。クッションはどんな柄にするか。全て自分で予算とにらめっこして決める。特に、シェア型の案件の場合、部屋ごとに必要な収納スペースを均等に設けるなど、運営と直結して内装を考えなければならない。

　なぜそこまで自分が主導で行うかというと、最終的に客付けができなければ自分が責任を問われるからだ。だからこそ、誰かに意図が伝わらなくて問題が起きるなら、自分が納得するものをつくった方が得策だ。そして、入居を決める時も入居後も、使い手の声を聞いているのは私自身なので、それを建物に表現するのも自分であるべきだと思う。「管理なくして企画なし」と前職の上司がよく言っていたが、現場の声を企画に活かすこと以上に勝るものはないと思う。

　ただし客付けを意識するからといって、内装のデザインの良さを、

図1・8 家具だけでなく、緑や花もコーディネートしている 　図1・9 ベランダは既存タイルに合わせて雰囲気をつくる

全く無視しているわけではない。むしろ、入居者さんや同業者からは褒めていただくことも多い。質感のある塗料を全国から探したり、予算内でより空間に合うスポットライトを探したり、デザイナーにイラストを描いてもらう場合は一緒に考えたり。相当こだわってつくっている。人は第一印象で判断することが多いので、「テンションが上がる内装」にするのは大切だ。内装の質の確保は、プロである以上、当然のこと。自分から誇張するのでなく、入居者さんに空間を体感して判断してもらうことだと認識している（図1・8、9）。

募集
オーナー・物件と借り手の相性を重視

一人ひとりに伝わる募集広告のつくり方

募集は、建物が完成してからではなく、オーナーから企画のGOサインが出た瞬間から取り掛かる。まずは、物件名、ロゴ、キーとなるイラストとコピーなどを決定する。基本的にはどんな物件でも専用のWEBサイトを作成する。不動産検索サイトで検索した物件一覧ではなく、その物件についてのみ知りたい場合、直接アクセスできるサイトの方が望ましい。飲食店を探す際、情報サイトの食べログより、店

のサイトがある方が、世界観やメニューが分かりやすいので、私はどうしても独自サイトがある飲食店を選んでしまう。その原理と同じである。

ただし、WEBデザイナーに依頼すると完成するまで時間がかかるので、それまでの情報発信や進捗状況の公開などはFacebookなどのSNSでアップしていく。見学会などイベントの拡散にもSNSは有効だ。プロジェクトについて関心を持ってくれるファンを完成までに徐々に増やしていく手法だ。

これらは違う媒体であっても、同じメインビジュアル、色、フォントを使用し、必ずトーン&マナーを合わせておくことが大切だ。一見して、「あのプロジェクトだ!」と印象付けることが、特にプロジェクトの初動では重要となる。

最初のメールから始まる案内準備
様々な募集広告をつくり、問い合わせがあれば、いよいよ案内が始まる。問い合わせは8割ほどがメールでのスタートだから、私はメールのコミュニケーションを重要視している。おかげで、独立してから内見の約束をしてドタキャンされたことが一度もない。例えば、メールの時点で、物事に丁寧で、悪く言えば心配性の人はだいたい分かる。その時は当日に規約を見せて安心してもらったり、施工についても図面を使って詳細に説明したりする。逆に、細かなことが面倒だという人には、必ず覚えておいてほしいポイントを絞って内見時に強調して伝える。

取るに足らないことのように思われるかもしれないが、内見対応時の服装も、物件やメールでのやり取りの情報によって変える。例えば、クリエーターのためのシェアアトリエで、丸の内OLのようなオフィスカジュアルの服装の人に案内されるのは、きっとしっくりこないだ

ろう。逆に、オーナーに会いに行くときに、個性的な柄パンツだと、「この人大丈夫かな?」と不安になるだろう。

　自分が内見する立場になったらよく分かるが、わざわざ、忙しい中で時間をつくって物件を見に行くのは、それに見合った期待があるからに違いない。その期待に応えるために、最大限の準備をしておくべきだ。

内見は話のしやすい環境づくり

　内見時は、いわゆる不動産屋がしがちな入居を促す営業トークは全くしない。不動産屋の無理矢理で押しつけがましい話術が苦手で内見が嫌になった、という話を女性からよく聞く。また、管理の面からもそれは得策とは言えない。仮にうまく誘導して入居してもらったとしても、きっと長続きしない。シェア型物件の場合、既存の入居者にも影響が及ぶ可能性がある。管理責任を持たない仲介業者がちまたには多いので、そういうことが多発しているのだろう。だから私は、入居希望の方が自分自身でじっくりと考えられる時間を大事にしている。室内空間は体感すれば分かるし、内覧では、他に判断に必要な材料を提供する時間を取っている。

　私が内覧時に接する方々は、初対面でよくもこんなにプライベートなことを話してくれるな、とこちらが思ってしまうくらい、包み隠さず話してくれる。これは私が、仲介を専業とするようないわゆる不動産屋としてではなく、このプロジェクトの責任者として接しているから、相手が信頼を寄せてうっかり話してしまっているのではないかと考える。「なぜ、岸本は話がうまいわけではないのに成約率が高いのか」と前職でもよく言われていたが、身の上話をしやすい状況づくりこそ、営業力ではないだろうか。

　不動産を取り扱う際には、賃貸であっても申込書に当然のように年

収を書き、連帯保証人が家族では難しい場合などは、理由を打ち明けてもらわないといけない。つまり初対面の状況で非常に高度な信頼関係を築かなければならないのだから、本来、不信感を持たれている場合ではないのだ。

管理・運営
使い手の自主性を重んじ、サポートする

管理の役割

　入居者が順調に決まれば入居し、管理に入っていく。管理というのは、コミュニティの運営、入金管理、建物修繕や備品管理など業務は様々で、オーナーと使い手のサポートを任せてもらう。誰かが賃料の支払いが遅れたら自ら催促に出向き、この設備を買ってほしいという入居者からの要望があれば、本当に必要かどうかを判断の上、オーナーに相談する。なかなか、一筋縄ではいかない骨の折れる仕事だ。

　ただし、私が数多く携わってきたシェア型物件の場合、運営はできるだけ、徐々に入居者の自治に任せるようにしている。初期の入居者が一通り決まってから10ヶ月ほどは、入居者同士のトラブルや建物不具合などがあるので積極的に介入し、話をよく聞いている。ただ、その期間を過ぎると、管理者が立ち入りすぎると時として邪魔になる。あくまでも使い手が主役。彼らが困惑することなくゆるやかに、管理者から入居者へ運営主体を移行しておくことが必要だ。以降は、管理者は、災害時や何かトラブルがあった時に真っ先に相談する存在であればいい。

「不動産のプロ」がまちづくりに関わる意味

　不動産業界と建築業界は、長年あまり良好な関係ではなかった。そ

れは、不動産＝金儲け主義という視点が、建築側には少なからずあったからだろう。ただ、一般の人からすると似たような領域である。建築関係者より不動産関係者の方が、誰しも生涯で何度か出くわすし、敷居が低い。不動産業とは、街の仲介業者からいわゆるデベロッパーと呼ばれる開発業者まで幅広いが、私は、「建物の価値を適正に理解し人につなげる仕事」だと解釈している。設計者がその街に関わり続けることは稀だが、街に根付いている仲介業者は、その街の不動産情報を把握しているのだから、街の変化に一番敏感であるべきだ。日々、希望者がいたら案内をして、契約書を印刷して読むだけではない。長期的に資産価値を保てるよう事業計画を作成し、銀行融資の手助けをし、物件の価値や街の魅力を人に伝える。その裏側を知ると、不動産のプロこそがまちづくりに関わるべきなのではないかと思う。

　それに、不動産は数字で評価され、結果が分かりやすいところが良い。スポーツと似ている。設計では裁量評価になりがちだが、不動産は実際に売れたか、収支が回っているかなど、数字で評価されるから逃げられないのが良い。学歴も関係ない。数字評価の中でも、建物は規模と動く金額のスケールが大きいので、その分、説得力があるし明確だ。

報酬のデザイン

　よく、「儲かりそうにないことを1人でやっていて偉いですね」という意味合いの労いの言葉をかけてもらうことが多い。たしかに、ものすごく儲けているわけではないが、かと言ってボランティア活動ではないので、自分のなかでは理にかなっている報酬のデザインをしているつもりだ。例えば、ひとつのプロジェクトで、企画料・仲介料・管理料の3度収入の入り口がある。企画と仲介は1回のキャッシュポイントで、管理は月々のキャッシュポイントだ。会社を経営している

と、この固定と歩合の組み合わせが要となってくるが、ひとつのプロジェクトでそれが完結されている。同時期にプロジェクトの数が増えると、業務が煩雑になりがちだが、プロジェクト数は少なくて済む分、仕事の質を上げられるのも利点だ。

　例えば、会社の固定収入である管理は、一般賃貸の管理料の相場が3～5％程度であるところ、私の場合はその4倍ほどの報酬をいただいている。それは、中～大規模の建物活用は、複数人で共有するシェア物件や複合的な物件が多く、入居者間でのトラブル解決やイベントの企画といったコミュニティ管理をするためだ。これは、オーナーにとっても難しいし、大手も面倒でやりたがらない。私にとっては、自分で入居者を集め審査して入ってもらった入居者への責任でもあるので関わりやすい。

　この報酬形態は、独立した時点で想定していた。管理業で会社の固定収入を増やし安定させて、企画の仕事を選び、それに専念する。また、企画・仲介・管理一括で受けてこそ、パフォーマンスが発揮でき依頼してくださる意味合いが増すので、企画のみで請けるときより、一括で請ける場合は、企画料を割安にしている。

　結果、5棟ほどの管理で人一人雇えるくらいの報酬になるわけだ。一般的な賃貸だと同じ報酬を得るのに数十軒管理しないといけないし、しかも、より安い他業者に移行される危険が常にある。誰にもできない仕事を仕組み化する、これが報酬のデザインだと思う。

暮らしを変えることはその人の生き方を変えること
　暮らしをつくることは、その人の生き方を変える。大げさに聞こえるがそう思う。

　例えば、シェアハウスの企画と運営、両方を長年経験して思うことがある。一般的にシェアハウスは、コミュニティの見地から評価され

ることが多いものだ。しかし、前職や独立してからつくるシェアハウスは働く女性向けで家賃も一般賃貸と同等だったが、私はコミュニティと違う部分で、シェアハウスの存在意義を感じていた。

シェアハウスという存在があるからこそ、東京でチャレンジしたいことがある人が上京できるようになったこと。また、2011年東日本大震災の時もシェアハウスをつくっていたのだが、当時は震災離婚が急増し、離婚した女性の受け皿にもなっていたのだった。それまで、旦那さんの収入で家計を賄っていた女性が離婚する。それなりに良い暮らしをしていたため、住まいのスペックは落としたくない。そんな人にシェアハウスはハマったし賢い選択だったのだ。

何より、入居する女性に絶望感は無く、皆前を向いて明るい。「シェアハウスがあるから」とたくさんの人に言ってもらえたし、その人の人生をひとつ前に進めるという、社会的需要がある役割は、私にとってやり甲斐があり、意義深い経験だった。

プロジェクトの状況に応じ、臨機応変に対応

このように、私は1人で全てのプロセスに携わるのだが、オーナー、工務店、建築士、デザイナー、使い手と、様々な人と協力して、プロジェクトに取り組んでいる。借り手がつかなかった場合などはもちろん自分に責任があるので、毎日胃が痛い思いをしているのだが、それでも、リスクを取りオーナーと一緒につくってくれている人たちの顔を思い浮かべると、ここで終わってしまってはいけないし、気持ちが沸く。組織を超えて一緒にものづくりをする。使い手やオーナーを引き立て、ベースは黒子に徹しながらも、必要であれば自分が前に出て、臨機応変に対応する。その力は大切である。

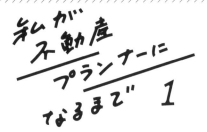

建築を志す

　忘れもしない小学4年生の夏、小学生新聞で見た「サグラダ・ファミリア教会」に心を奪われた。言わずと知れたアントニオ・ガウディ設計の教会。とにかく「建築家になりたい！」と電撃が走った。そこから揺るがず「将来の夢は建築家」だった。文系にもかかわらずその夢が捨てきれなかった私は、高校で1年かけて理転し、なんとか建築学科に入学。やっとの思いで、建築を学ぶ切符を手に入れたのだった。

　入学したのは、環境系の学部に属する建築学科。念願の建築学科に入学はしたものの、1mmを2分割した線で図面を引く、といった設計演習にどうしても意欲的になれず、没頭するほどには設計を愛せなかった。また、田舎での1人暮らしのアパート・大学・バイト先のトライアングルから抜けられず、期待していたキャンパスライフとはどんどんずれていった。そのジレンマに入学当初から耐え切れず、大学1年の夏休みに街の自販機に貼ってあった「世界一周船の旅」のポスターにすがる思いで、2年生の夏休みに世界一周の旅に出た。建築を諦めきれず、建築に「設計ではない何か」を追い続けていたからこその行動だった。

先がクリアになった世界一周

　本当は卒業後にと考えていたが、もし、建築以外に追求したいものが見つかったら早く人生の舵を切りなおした方が良いだろうと、在学中の夏休み期間を使って世界一周クルーズに乗船した。団体のクルーズ船で、自分が訪れてみたかったバルセロナやトルコといった寄港地から、名前も知らないアフリカ諸国や中米まで、100日で20か国回った。

　結局、建築以上に好きなものを見つけることはできず、やっぱり私には建築な

んだという結論に行きついた。ただ、建築を使って誰を豊かにしたいか。これまで考えたことすらなかった問いの答えが、この旅で明確になった。紛争や独裁により荒廃した最貧国エリトリアでは、目に入る建物全てが廃墟と化していて、物乞いは公園に集う。温室育ちの日本の大学生にはインパクトが強く、一緒に船に乗った仲間の中には、そのような姿に影響を受け、下船後、青年海外協力隊員や教師になる人も多かった。だけど、私は、途上国支援のような形で建築に関わりたいわけではない。一方、一握りの富裕層のための住宅作品を設計したいわけでもない。私には、どちらのための仕事もイメージがわかず、ただ、ごく普通の人の生活を豊かにしたい。それだけは、はっきりと気づいたのだ。

とにかく動いた学生生活

「建築ではあるけど設計ではない何か」を探す旅は、日本に帰ってからも続いた。世界一周の後は、やけに活発になり、大学が休みの度にどこかで働いていた。2006年の冬休みには、直島の地中美術館のボランティアスタッフとして働いた。地元の方々の当たり前に過ごす生活と、街に点在するアーティストの作品が、妙なバランスで共存しているさまが面白く、両者ともにその面白さを受け入れている感じが新鮮だった。当時の秋山雄史館長や、同じアートサポートセンターに集まったスタッフたちといろんな話ができたことも大きかった。

他にも、友人が大分県臼杵市で取り組んでいた竹あかりのイベントを手伝い、京都の有名インテリアデザイナーの事務所にオープンデスクに行くなど、とにかく学外で動き、動き、動きまくった。

2章

仲介のデザイン
──街と建物の価値を上げる

　仲介というと、「右から左に流すだけで報酬を取っていくあくどい商売」と思われがちだが、それだけとはいえない。オーナーの立場に立ち、誰に貸すか、どうやって利用するか、活用方法を適切に読み解く。そして、それにふさわしい借り手を探し出す。借りることが困難な場合は、原因を究明し、一つひとつ丁寧に解決する。誰もが困らないように、成約までのプロセスを導き出す。たとえ一室の仲介であっても、建物全体の資産価値を上げることになり得る（その逆も然りだ）。そして、その建物の集積が、街の価値を上げることにもなり得るのだ。また、3章以降の企画においても、仲介業務のなかで社会のニーズを常にキャッチしておくことが重要となる。本章では、仲介であってもクリエイティブな仕事だということを証したい。

CASE 1 駐輪場→バー

駐車場をバーに
―― エリアに望まれた夜の居場所

物件名	駐輪場バー
時　期	2014年
所在地	京都市上京区
規　模	RC造4階建 33m²

POINT
相談 仲介から始まる企画
活用 エリアはアンダーグラウンドなバーを求めていた
仲介 100人のまぁまぁいいねより、8人の超いいねを目指す
管理 トラブルを事前に回避する細やかな対応

[相談] 仲介から始まる企画

　物件の相談は、メールや電話で突然来ることが多いが、物件の掲載依頼がきっかけになる場合もある。私は、移住者向けの物件を紹介する「京都移住計画」や、改装できる賃貸物件だけを集めた「DIYP KYOTO」といった物件紹介のメディアも運営している。掲載料は無料、成約時にオーナーから報酬をいただいている。これまでお願いしていた仲介業者ではなかなか反響が無ければ、少しでも露出を増やして募集してみようということで、オーナーから物件掲載の依頼がくるのだ。そこで実際に私が物件を見てみると、単に募集の方法を変えたら良いという話ではなく、そもそも使い方から企画する必要がありますね、という流れで提案させてもらうことも多いのだ。

　物件を見て現地調査し、活用の中で設計・施工が必要であれば行い、不要であれば適切な借主を見つけて終わることもある。必要性を見極めることが重要で、仲介だから仲介だけ、企画だから企画だけと決め

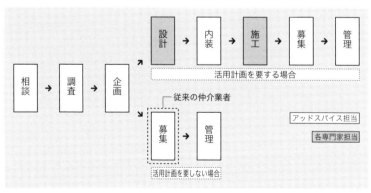

図2・1・1　現地調査をしてから、プランナーの必要性を見極め、業務領域を提案する

ているわけではない。自分が必要とされている部分を担う。いわゆる仲介と活用提案の境目はない（図2・1・1）。

ついでに見せてもらった倉庫

　同業の知人を介して活用の相談が来ることも多い。とりわけ、京都

図2・1・2　見せてもらった駐輪場
図2・1・3　平面図

といえば紹介文化。「この人に頼んだら良さそう」と、建物に限らず、こちらの信頼できる人間関係で仕事が回っているところがある。ゆえに、関係構築に時間がかかり、仕事に至るスピードは遅い。むしろ、飲み会や友人の展示会など仕事とは思わずに出かけた先での出逢いの方が、うまく事が運んだりする。街の掟を理解し始めてからは、仕事になるかどうかに関わらず、話を持ってきてくれた人が信頼できる人であれば、まずは会ってみることにしている。

2014年、独立して間もない頃、この時も、西陣で数件シェアハウスを運営している知人から「ぜひとも会ってほしいオーナーがいる」と言われ、会わせてもらった。話を聞いてみると、オーナー(以降Yさん)は4階建の築古のビルを、オーナーチェンジで購入したばかりだという。2階から4階は各フロア3戸の住居、1階が駐車場という構成で、住居部分の空室の募集をしてほしいとの相談だった。リフォームも設計・施工業者が既に手掛けてしまっていて、内装の提案もできないし、正直自分の出番はあまりない。趣のある建物なので仲介だけでも関わらせてもらおうと思って、空室の部屋を一緒に見学した帰り、1階の奥に駐輪場があるという。「ついでに見ますか?」とYさんに軽く言われたところを真に受け、「はい!」と即答。扉を開けると、そこにはアンダーグラウンドなグッとくる空間が広がっていた(図2・1・2,3)。

活用
エリアはアンダーグラウンドなバーを求めていた

調査をふまえた企画も大事だが、一方で、建物に入った時の直感も同じくらい大事にしている。味のある鉄扉や天井の低さ、コンクリート剥き出しの素っ気ない空間。瞬間的に、「バーや隠れ家っぽい飲食店ならいける」と感じた。私が「絶対にニーズがあるから募集しましょう!」と言い切ると、Yさんは正直半信半疑な反応だったが、募集

するだけではタダ、損をすることはないので、サイトに掲載することに承諾してくれた。

この物件、もともと散歩中に見つけて、雰囲気のあるマンションだなと思っていた。Yさんから物件に連れて来てもらった時も、マウンテンバイクや玄関先に置いてある植物から、住人のセンスが感じられ、胸躍っていた。それもそのはず、聞いてみると上階の住居は、アンティークドア屋さんやカメラマンなど、クリエイティブな人が多く住んでいたのだった。だから、1階の駐輪場も、現入居者と価値観を共有できる人が使ってくれたら最高だな、とはYさんも私も思っていた。

[仲介]
100人のまぁまぁいいねより、8人の超いいねを目指す

ここまで仮定し、熱冷めやらぬままその日のうちに掲載のテキストを書ききった。掲載するのは、自身が運営する改装できる物件サイト「DIYP KYOTO」だ。ビルの1階、一面の土間空間を推して、「とても創造意欲のかき立てられるたたずまい。今回募集する1階部分は、表の駐車場の奥にあって少し隠れ家的な雰囲気。入り口の駐車場の部分が広い空間になっていて、その延長上にあり、なんともいえないカッコよさがあります」と、私は独特の言い回しで褒め倒していた(図2・1・4)。

そうすると、なんと、翌日の朝、問い合わせのメールが来ていたのだった。Yさんにあれだけ言い切っていた私ですらこの反響の速さには驚き、記入のあった電話に連絡してみた。すると、「物件を見てみて店の形態は考えます。とりあえず良さそうと思って」とのこと。

全く相手の真剣度合いが読めないまま早々に内見したところ、反応は上々。「これ、たぶん借ります」と一言。そして「この鉄扉、良いで

すね〜」と言葉が続いた。「良いですよねっ！」と食いつく私の声が重なる。やっぱり、同じように考える人はいて、ハマる人にはハマる空間だったんだ。信じたものが認められた気がして、顔がほころんだ瞬間だった。

借りてくれたのは、京都市内で焼肉店を営む若き店主。1店舗目の店が安定してきたので、良い場所があればもう少し自由にできる店をやろうと、以前から考えていたという。一目見て、ここならできそうと、創作意欲が掻き立てられたのかもしれない。こうして、駐輪場バー（店名「オルボーンカフェ」）が誕生することになった。

このようなひとつの空間に対する提案の場合、1人でもハマる人が見つかれば、賃貸物件として成立する。これを、「100人のまぁまぁい

図 2・1・4　DIYP の掲載記事

いねより、8人の超いいね」論と呼んでいる。不動産は、たとえ賃貸であっても、多くの場合、毎月の支出の大半を占める。まぁまぁいいと思うくらいで人はお金を出さない。それよりも、100人いれば8人くらいがどうしても欲しい、惚れ込んでしまうものをつくることが重要だ。500戸の高層マンションをつくるのであれば話は変わるが、私に来る仕事のほとんどは、ここにしかないものの価値付けで、エッジの立ったものが求められる。なおかつ、「8人の超いいね」を狙う方が、ターゲットを狙い撃ちして募集できるので、実は効率的だ。

　ちなみにこれは、不動産のプランニングに限らず、あらゆることに共通すると思う。先日ある大学で講義した際も、この言葉が響いたという学生が多かった。彼らが、無難にこなしてきた自身の進路選択や恋愛、自分の人生に、この論理を照らし合わせていたのは面白かった。

見た目が変わる工事は内見前に終わらせておく

　1階の駐輪場を貸すためのYさんの負担工事は、電源設置引込み、給排水設置引込み、トイレ用排水管設置。今回は、内見する前に工事を行わず、人が決まってから工事することにした。それは、見た目に影響しないからだ。例えば、貸主負担でトイレやキッチンを新設するのであれば、極力工事をしてからの方が良いと思う。いくら、カタログを見てこのキッチンが入ると言われても、その場に現物が無いと、イメージできない人は多い。そのため、特に一般賃貸については、見た目が変わる工事は内見前、変わらないものは内見後でもOKとしている。

自分の必要とされているところだけを担えばいい

　今回の案件は、店主が自ら内装を行い、設備工事などは店主の知人に依頼されることになった（図2・1・5）。そのため、実質私の仕事は「仲介」までにとどまっている。企画から仲介、管理ができるからといっ

図2・1・5 店主が知人たちと改装した店

て全てを依頼されないと仕事を受けないわけではない。今回のように、借主が自ら内装を設えられる環境にある場合、自分が必要とされている部分のみ担えばいい。その方が、使い手にとっても良いに決まっている。常にそのスタンスでいる。

　仲介料だけでここまでの提案をするのは収益性が無いと言われるかもしれない。だが、将来オーナーがビル1棟を売却する際、もし、この一連の過程に価値を感じてくれて、売買仲介を依頼されたとしたら、それは設計料以上の収益になる。無理に企画料や設計料を取りにいかないのもひとつのスタイルだ。

賃料収入以上の価値——仲介の仕方で建物・街の価値まで上げられる

　賃料ゼロだった1階奥の駐輪場が、読み解き方を変えることで収益を生むことができた。基本的な設備工事費の負担はあれど、ビル全体

としても1階にバーがあることで付加価値が付き、上階の住居の募集にも功を奏したのだ。現に、まだ部屋が見れない状況でも、駐輪場バーを知っていた人が申し込みをする事態が発生した。もちろん、1階にバーが入っているのが嫌だという人もいるだろう。だが、先ほどの話と同様、バーが入っていることに価値を持つ人は必ずいる。これも、「100人のまぁまぁいいねより、8人の超いいね」論だ。

　実は、これは募集時から想定していた。というのも、私もこの物件から徒歩5分のところに住んでいて、この街に夜気軽に飲みに行ける場所が無いことを把握していたからだ。歴史はあるが交通の便が悪い西陣には、利便性より生活の心地良さを好んで住んでいる若い人が多いから、きっと、私と同じように、行きつけの飲み屋に飢えている人は必ずいると予想していたのだった。

管理
トラブルを事前に回避する細やかな対応

　このように話すと、トントン拍子に上手くいったように思われるかもしれないが、裏ではトラブル回避のための細やかな対応の軌跡がある。

　まず、西陣にあるこの町内で、夜間営業の店ができるのは初めてのことだった。最初、近所の人にバーができると話すと、「祇園にあるような所ですか？」と懸念する声も。そこで、Yさんが自ら町内会の集まりに出向いてくれ、近所の人と顔を合わせてくれた。それだけでなく、Yさんの配慮で、実際にオープンする直前に、町内会限定のお披露目会をすることになった（図2・1・6, 7）。

　営業が始まっても通りから見えにくい立地のため、飲みに来ない限り近隣住民は不安を募せただろう。近所の人にとっても安心した会になったと思う。そして、お披露目会がきっかけで、オープン後にバー

図2・1・6 右手の階段が住居への入り口、左手が店の入り口。家に帰る前についつい寄ってしまいそう
図2・1・7 ご近所のお披露目会の様子

に訪れる人も現れた。Yさんとしても店が儲かって、長く借りてもらうことは重要だ。結果的に店の利益、地元の人への貢献にもつながっている。

バーによる音の問題への対処

　オープン後にも、ひとつトラブルが発生した。店舗の上階の人から音がうるさいという苦情があったのだ。1階は元々店舗用の仕様になっていない。バーのお客さんに静かにしてもらうのには限度がある。賃貸トラブルにおいて、音の問題は一番多く難しい。特に、建物の一部の用途を変更した場合は注意が必要だ。私も実際に音がどれだけ響くか部屋に伺って確認し、結局その住人には別の部屋に移ってもらうことになった。空いたバーの上階は、音がする旨を表記し少し賃料を下げて募集し直した。結局、その部屋には、音楽家カップルがその弱点を気に入って住んでいる。

　私自身、家に帰る前に飲みたくなったらふらっと寄れるバーができ、そこには常連さんや新しい人との会話があって、ちょっとだけ生活に余裕が生まれた。常連さんの仕事場の倉庫を仲介したこともあった。この街に住む自営業者を中心に、クリエイティブな仕事の人が夜な夜な集まる。近所にこんな面白い人が居たんだなぁ、という出会いがしょっちゅうある。

　この仕事、単なる仲介というには手間もかかるが副産物も多い。この街のあの場所を、どんな人に借りてもらうべきか。オーナー以上にその問いを注意深く見つめ、適切な解を見つける。途中で問題が起きても具体的に解決する。それはとてもクリエイティブな仕事と言えないだろうか。

CASE 2

町家 ➔ IT事務所
呉服店ビル ➔ IT事務所

京都×ITベンチャーの"らしさ"を両立するオフィス

――歴史あるエリアにオープンで新しい文化を

物件名	ヌーラボ京都オフィス
時　期	2014年／2018年
所在地	京都市上京区／京都市下京区
規　模	木造2階建74m²／鉄骨造3階建306m²

POINT
相談①〈町家IT事務所編〉京都らしいオフィスが欲しい
物件探し 京都らしい＝町家なのか
仲介 DIY物件を優先して探す
DIY 専門家に一部を依頼
相談②〈4年後の呉服店ビル編〉早くも町家オフィスが手狭に
仲介 元遊郭エリア・元呉服店とIT企業の相性
DIY 再びメンバーでDIY
街の反応 意外とエリアに歓迎された

相談① 町家IT事務所編
京都らしいオフィスが欲しい

　2014年、今度も知人から紹介を受け、とあるITの開発会社の新しいオフィスを探すこととなった。ヌーラボというその会社は、本社が福岡だけでなく、東京やシンガポールにもオフィスがある。どういうものを開発しているかというと、WEB上で図を作成しチームで共有できる「Cacoo」や、チームでプロジェクトを管理できる「Backlog」、チーム内でのチャット機能「Typetalk」など、チームで何かものをつくる時に役立つサービスを制作している。そのユーザーは日本にとどまらず、世界中に広がっている。

　話を伺いに、一時的に借りられていた繁華街のオフィスに伺うと、メンバーが増えるので「京都らしさ」のあるオフィスを構えたいとのことだった。世界各地にオフィスがある会社だからこそ、新しいオフィスには京都らしさを求めていた。

物件探し
京都らしい＝町家なのか

　京都らしいの代名詞＝町家ということで、まずは町家を中心に4件内見したものの、いまいちピンとくるものが無かった。最初は、「今の事務所の更新もしたところだし、急がず良い物件があれば……」ということだったのだが、実際に内見し始めると皆徐々にテンションが上がり、「ここを勉強会の場所にしよう」「2階が余るから福岡から来る人が泊まれるかも」と、会話が弾む。さすが、サービスを開発されているだけあって、妄想力が高い。良い物件があればという相談は一見、進まなそうで仲介者としては後回しにしがちだが、相手をそそるポイントが分かれば難しくない。懸念点を明確にして具体的に事を進めて

動かすのも私の役割である。

　物件を見る際に、なかなか使うイメージがわかない方も多いが、きちんと自分事として捉えられ、イメージを持てる人は決断も早いことが多い。見学できていないメンバーとも話し合うため、一旦持ち帰って連絡をもらうことにした。

　社内で話し合ってもらった結果、理想の事務所は自分たちでつくるべきではないか、自分たちの環境は自分たちで構築するのがヌーラボらしいのではないか、という答えに至ったという。つまり、京都らしさではくヌーラボらしさを目指す。そう考え、改修可能な物件を探して自分たちでリノベーションする方針となった。

　ITとDIY。最新技術と手づくりの世界は、一見、逆ベクトルのように見えるが、それが他のどこにもないヌーラボらしさなのだ。つまり、ヌーラボがコンセプトに掲げる「コラボレーション」。代表の橋本正徳氏に初めてお会いしたとき、「コラボレーションを促進するサービスをつくるためにこの会社を始めた」と教わったが、まさにその実践の場をつくろうとされていることに気づいた。

　ちょうど、京都メンバーの中の1人が、床張りの得意なDIYセミプロだった。それを知る京都のリーダーはこう言っていた。「スタッフ個人の関心が強いことを他のメンバーが一緒に体験することは、これからの京都事務所にとってプラスになるかな、と思って。自分たちが日常的に仕事をする場なので、必然的に真剣にもなれる。一緒にモノづくりをする体験を通じて、チームとしてより良い関係性を構築していきたいなと思っています」。

　それまで、ヌーラボも私も、「京都らしい≠京都っぽい」と思い込み、町家にこだわって探していたが、そうではなくて、「京都らしい＝自分たちらしい京都での働き方」だったと気づいた。

2章　仲介のデザイン——街と建物の価値を上げる

仲介
DIY物件を優先して探す

　そうは言っても、町家でかつ改装可能な物件が出てくる可能性は低いので、ひとまず改装できることを優先して再度探すことになった。

　ヌーラボの想いを受けて、私もエンジンがかかり、不動産流通標準情報システム「レインズ」で探していたところ、突如、街中から少し北に外れた丸太町の町家で改装可能な物件を見つけた。これは絶対に良い！　条件も合致していたので、こんなに良い物件、誰かに取られてはまずい（実際誰かに取られるほど人気ではなかったが）とその場で先方に電話を入れ、続いてヌーラボにも電話し、週明けに内見した。オーナーは、改修費は出せない代わりに改装してもよいという条件にしたという。

　内見すると、たしかに改装しないと使えないほどボロボロだった（図2・2・1）。しかし、皆テンションが上がり、無事申し込み、契約を結ぶことになった。

図2・2・1　改修前の町家IT事務所

図2・2・2　現場でヌーラボとRADと一緒に初回打合せ

`DIY` 専門家に一部を依頼

　リノベーションについては、ヌーラボ主体で行うものの、美しく仕上がるのかどうかは不安もあった。以前から親交のあった建築のリサーチ集団RADに依頼し、DIYの全体デザインとマネジメントを依頼することにした（図2・2・2）。

　町家特有の改修のポイントは多いが、RADは、アーティスト支援組織HAPSの町家リノベーションのワークショップなどの経験があり、心強い存在だった。まずは一緒に現地視察。予算も限りがあるので、改装が必要な箇所の優先順位をつけていく。またRADからは、「一部分をヌーラボコーポレートカラーの黄緑にしてみては」と、思いがけないアイディアも登場した。

自社サービスを取り入れた改修工事

　まずは段取り。私もDIY物件をつくってきた身として、DIYは段取りが全てと言って過言ではないと感じている。スケジュールや予算組みが丁寧にできるかどうかに成功がかかっている。

　そこで、改修項目のとりまとめや、スケジュール把握、関係者の共有ツールとして、ヌーラボが自社で開発している「Backlog」というツールを使ってみた（図2・2・3）。よく会社で使うスケジュール管理ソフトと、エクセルで工務店さんがつくる工程表の間のような感じだ。特にガントチャートがこういうプロジェクトに向いていて、何の作業がいつ頃までに必要かなど把握しやすかった。本業のサービスもちゃっかり盛り込みながらのDIY工事なんて素晴らしい。

　今回、ヌーラボ京都事務所（施主兼工事の実務）、福岡本社（施主）、RAD（建築アドバイザー）、私（不動産＆移住応援サイト「京都移住

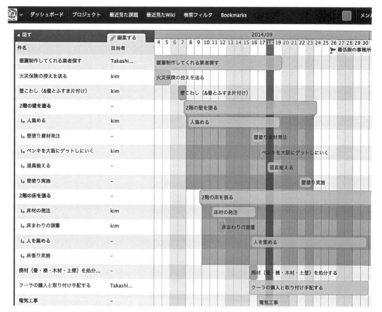

図 2・2・3　ヌーラボが開発したスケジュール&工程管理ツール Backlog。PC からだけでなく携帯でもアプリから見られる

計画」でコラム執筆)と関係者がたくさんいたので、自分が担当ではない部分も共有して何となく全体を把握できていた。これは結構大事なことだ。そして、DIY はワークショップ以外の作業が地道で孤独だが、皆でつくっていると感じられることが励みになる。事実、私が京都移住計画内で書いていたコラムも皆さんに推敲の赤入れをしてもらい、励まされた。

解体ワークショップ、家族ぐるみでやりきる

いよいよ改修へ。まずは、クリーンセンターへ何度も車を往復させ、襖や畳を全部撤去。その後、初のワークショップとして、解体(壁壊

し）を開催した。ワークショップには、同業種のIT関係の方や京都オフィスのご家族など、20名ほどが参加してくれた。ITの人は会社を横断して仲が良く、業界としての明るさが羨ましい。お子さんはおそらく人生初であろう壁壊しにびっくりしながら、大人は日頃のストレスを発散するかのように思いきって、思い思いに壊した。その後も、壁塗り、床張り、もう一度壁塗りとワークショップは数日続いた。最後は近くの銭湯に行った後、ビールで乾杯というコースがお決まりになった（図2・2・4、5）。

　最難関の床張りには、全国床張り協会の伊藤洋志氏を招いた有料ワークショップを行った。平日日中にもかかわらず、伊藤さんのカリスマ性もあり大盛況。根太・フローリングともに木なので、少しずつ反っていて、非常に難易度が高かったが、丸2日間で7割くらいの床を張ることができた（図2・2・6）。

　ワークショップを中心に壁・床・天井という面積の大きなところが完成したが、細かいところは、事務所移転後に仕事と並行して進められた。休憩時間に「ちょっと1階の床張ってくるわ」という風に進めていたそうで、彼らの日常の中にDIYが溶け込んでしまっていることがよく分かる（図2・2・7）。

　最初は作業の進め方に迷いがありそうな社員の方も、後半になるにつれ、自ら声をかけて率先して参加していた。「誰かと一緒に何かすること、誰かと一緒に目的を達成してその嬉しい気持ちを共有すること」こそ、DIYの醍醐味であり、ヌーラボの魅力なのだろうと実感した。

DIYが会社の理念を伝えるツールに

　ヌーラボの皆さんとお茶をしたときに、「ワークショップにDIY好きな女子が来て、興味を持ってくれてヌーラボに入ってくれたら最高

(上左)図2・2・4　SNSで呼びかけて集まった人たちと壁をローラーで塗る
(上右)図2・2・5　全国床張り協会による床張りワークショップ
(中)　図2・2・6　床張りの終わった事務所スペース
(下)　図2・2・7　まだ途中だが一旦DIYが完成した事務所

なのになぁ」と、妄想に近い話をしていたのだが、女子ではなかったものの、DIYがきっかけで入社した方が現れた。

　元々、京都でWEBの制作会社で働かれており、ヌーラボ自体は知っていたものの京都事務所の存在は知らず、初めて京都メンバーに会ったのは改装ワークショップの時だったそうだ。そのときの話を聞いてみると、「思っていたよりかなり本格的で……指示されるわけでもなく、皆勝手に動いていてびっくりしました。ただ、良い意味でこんな人たちと働くんだなっていうイメージ、安心感がありました。あと、普通、社員が町家で改装できる物件を見つけてきても、上の人に止められると思うんですよね。それをやらせてもらえるのが、会社としてもすごいと思いました。そういう自発的なものを認めてくれるところなんだと」。

　入社間もない他の方も、「企業文化を感じることができました。やりたいことをやらせてもらえるような、ここまでやっていいんだということがよく分かった」と。

　社歴の長い方も、「僕自身4〜5年働く中で、最もインパクトのある出来事でした。うちの会社らしいかな、と改めて思った」と話してくれた。会社としても、DIYが自社の理念を伝えるツールになっている。喜ばしいことだ。

事務所機能にとどまらない使い方
　建物のハード面はできたところで、ソフトの使い方は未だ定まらない。単に事務所としての機能だけではなく、勉強会などができる場所をつくるのが、今回物件探しを始めた時からの条件だった。何せ、以前の事務所の2倍以上のサイズになっている。建物のつくりから、2階を事務所機能、1階を勉強会などパブリックスペースにすることにし、改装は2階の事務所スペースをスピーディーに、1階は少しずつ緩

急をつけて行った。1階では、その後、ヌーラボのサービス「Backlog」のユーザーの集いが行われた。毎年、リアルなユーザーの方と直接会って意見を聞く場として、会を催すそうだ。

相談② 4年後の呉服店ビル編
早くも町家オフィスが手狭に

町家から元呉服店ビルへ

　町家改装から4年。ヌーラボから、ひさびさに連絡が入る。「また手狭になったので物件の相談に乗ってほしい」とのこと。さすが世界規模のITベンチャー、手狭になるスピードが早い。ちなみに、前の町家オフィスは、遊びに来たことのある京都のデザイン会社が気に入って、新たに契約して借りているという。

　前回から、ヌーラボの考え方などはそれなりに理解していたので、ちょうど別件でオーナーから相談を受けた物件資料を携えて、DIY町家のヌーラボオフィスに向かった。ただし、その物件はヌーラボの条件より家賃が大幅に高く、3倍もの広さがあった。

　一通り、今の町家物件の使い心地や次なる物件の条件を聞いてみたところで、「ちなみに、こういう物件もあるんですけど……」と、資料を出してみた。そうすると、「これ、すごく良いじゃないですか」と、好反応。すぐさま、ヌーラボのサービスであるチーム内でのチャット機能「Typetalk」にて、福岡本社にも共有された。画面の向こうの本社の方々も、テンションが上がっているのが分かった。

　紹介したのは、島原の元呉服店のビル1棟だった（図2・2・8〜11）。島原と言えば、元遊郭の地。現在も1軒、置屋兼お茶屋が営まれている。京都駅から徒歩20分以上、電車も無く決して便が良いエリアでもなく、一般的にはオフィスとしては成立しづらい。しかし彼らは、これを面白がってくれた。私がこれを紹介した理由は、ヌーラボとな

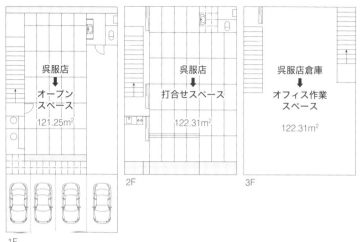

(上)　図2·2·8　募集時の平面図
(下左)図2·2·9　元呉服店ビル外観
(中右)図2·2·10　1階・改修前の状態
(下右)図2·2·11　2階・改修前の状態

らこの面白さを共有できるはずと、前のオフィス探しもふまえたうえで感じたからだった。世界的なIT開発カンパニーが、元遊郭島原の呉服店にオフィスを構える、その意外性のある面白さを。

その後、WEBカメラで社長も物件見学を一緒に行った。社長は、京都メンバーが良ければ良いとのことで、京都メンバーは皆、自転車通勤圏内だったので問題無しということだった。

仲介
元遊郭エリア・元呉服店とIT企業の相性

ここの物件のオーナーは、隣で衣料関係のシェア店舗「itonowa」を運営されているMさんのご親族だった。実は、Mさんから、「呉服店を縮小するため、ビル1棟を使ってくれる人を探してほしい」と、相談されたのだった。

相談を受けた時は、正直厳しいと感じていた。現時点での島原は、もともとある古い建物を活かした素敵なカフェなどが点在してはいるが、まだまだ街全体としては、元遊郭のイメージが強い。住宅地で商業圏にはなっていなかった。ビルを丸々1棟借りて、家賃もそれなりに払って勝負しようという店舗などの事業者はなかなか見つからないだろう。ましてや、オフィスなんて厳しい。隣地にオーナー住居があるため、宿泊施設はそもそもNGだった。出口が見当たらない。

そのため、一見、すんなり借主が決まったように見えるが、これだから成立した解法だったといえる。

縮小する織物業の建物と街を引き継ぐ

今回の案件の特徴は、元遊郭エリアであることともうひとつ、元呉服店であることだった。オーナーMさんのご親族の元呉服店は縮小につき移転するため、このビル1棟を使い切る体力はない。だから使

ってくれる人を探してほしいという。実はこのところ、京都ではこのような相談が多くある。京都の経済を担ってきた織物産業は、時代とともに縮小傾向にある。例えば、西陣織は全盛期の6％までに衰退してきている。だが、実は国宝級品や寺社仏閣の設えを担える技術は西陣織だから成せると言われており、産業が絶えないように続けなければならないことも事実だ。そこで、全盛期に建てた自社ビル1棟は使わないがワンフロアだけは使いたい。若しくは、今回のケースのように、自分たちが移転するのでビル1棟丸ごと使ってほしいという相談がよくくるようになった。これは、建物の魅力とはまた異なる、その建物を使ってきた産業の活用を考える機会でもあると思う。

DIY
再びメンバーでDIY

　オーナーと契約条件を整理した後、ヌーラボと無事契約が成立した。

　今回も、改装はヌーラボメンバーで行う。前オフィスの契約時からメンバーは増えていたが、なぜか新メンバーにも方もDIYに積極的な人が多い。ものをつくるうえで共通しているところがあるのだろうか。

　トイレなど主要な水回り工事だけは工務店に依頼し、それ以外は仕事の合間にDIYでつくっていた。呉服店の接客の場だった1階は、前のオフィス同様、勉強会などオープンな場に（図2・2・12）。展示場だった畳ワンフロアの2階は、今のところ使い方は未定だ。倉庫だった3階は、メインのオフィスフロアとして使用されることになった（図2・2・13）。改装においては、前オフィスから、京都メンバーの人数も質もさらにパワーアップ。フローリングに配線ポケットをつくるなど玄人技も光る。ワンフロアだけでも前オフィスほど広いので、集中できるようファミレスによくあるソファ席を模したコーナーがつくられていた。

図 2・2・12　1 階は既存のままで、集会場のような雰囲気
図 2・2・13　3 階のオフィス。DIY とは思えないクオリティの高さ

街の反応
意外とエリアに歓迎された

　itonowaとこの物件の管理人のMさんは、今島原エリアの仲間たちと「ワークス島原」というチームをつくり、島原の歴史やコーヒーを楽しむ大人の街歩き「島原マーケット」を開いたりしている。itonowaに入っているカフェ「GOOD TIME COFFEE」もデザイン会社が運営しており、ヌーラボとは相性の良い業態だ。ヌーラボが島原にやってきたことで、例えばヌーラボとワークス島原の誰かが協業するなど、島原内で仕事につながる未来もそう遠くないだろう（図2・2・14）。

　改装が一通り完成した後、関係者向けの完成見学会が行われたのだが、上記のメンバーだけでなく、下京区長も立ち寄ってくださった。下京区は企業誘致にも力を入れており、ヌーラボがここに来てくれたことを非常に喜んでおられた。行政と民間の距離が近い京都ならではの時間だった。この島原の地に、一見そぐわないIT開発オフィスだが、

図2・2・14　隣のシェア店舗「itonowa」

意外にも、街に歓迎されたのだった。

オープンマインドな関係づくり

　もうひとつ、ヌーラボはこの街に呼ばれたのではと思わずにはいられないエピソードがある。私は東京にいた頃、IT関係者の、相手を理論攻めにしがちな話しぶりが結構苦手だったのだが、この2回のオフィス探しでヌーラボの皆さんと知り合えたことで、彼らの前向きでオープンマインドな世界が大好きになった。正直、不動産や建設業界ではこうはいかない。

　一般的に遊郭というと、遊女を閉じ込めた街、男性が楽しむための閉鎖的な場所と思われがちだ。しかし、島原は誰でも入れて家族皆で食事や娯楽を楽しめる、開かれた「遊宴の街」だったという。もしかしたら、世紀を超えて、世界的IT開発カンパニーが島原にオフィスを構えるのは、このオープンマインドの歴史が奥底にあったのかもしれないとは、考えすぎだろうか。

オーナー：村田敬太郎さん（元呉服店ビルオーナーいぐちビル・itonowa 管理人）
借り手：金悠さん（㈱ヌーラボ京都メンバーリーダー）

2度目の物件探し―スピード感を持って進めるのが仲介の役目

金 実は2度目の物件は一旦、自分たちで探そうとしたんです。だけど、数ヶ月間何も進まなくて……。「やっぱり岸本さんだ。面白い情報が集まっているかもしれない」と、連絡してみることにしたんです。そしたら、こんな魅力的な建物が手の中にあったという感じで、こんなに早く進むとは思いもよりませんでした。

村田 僕も同じような感じです。岸本さんには少し前から「隣の呉服ビルをどうにかしたい」とやんわりご相談していました。よくある賃貸サイトに出すのにはどうも抵抗があって、もうちょっと愛のある募集をしてもらいたいと思ったら、岸本さんしか思い浮かばなかったんです。でも、すぐ決まるとは思っていませんでした。

オーナーの考える欠点がプラスに働いた

村田 改めて DIYP のサイトを見てみると、特徴のある物件ばかりで、「こんな普通で面白みのない物件、頼んで大丈夫だろうか」と後悔していました。

金 え、そうですか⁉ 僕たちはそこが良いと思ったんですよ。写真を見せてもらったとき、呉服屋さんの紅白ののれんがかかっている外観写真にインパクトがありました。室内も、一面が和室で反物が転がっていたり。まずは、「ヌーラボが呉服屋を使う」状況を妄想すると面白かった！ 僕たちは、利便性が良くて高くて狭い、よりも面白さや自由さを選ぶ。それは、社内で共有できていたと思います。

村田 実は、紅白のれんは外そうと思っていました。中も、もうちょっと片づけないとと気にしていたのですが、結果片づけない方が良かったんですね。

金 あと、前の事務所の町家ではセキュリティがどうしても弱くなるのが、僕たち IT 業では懸念でした。その点、ビルはセキュリティがかけやすくて良かったんです。「ビルだけど畳」というギャップと実利もポイントでしたね。

村田 畳も良いんですか？

金 畳、人気です！ 2階のリラクゼーションフロアでは、ごろごろ転がれます。他の支社では、広さに余裕が無いので、皆羨ましがっていますよ。

2章　仲介のデザイン――街と建物の価値を上げる

探していた条件より家賃は高かったのですが、広さに対して割安ですよね。人が増えてもキャパを増やせること、京都駅からのアクセスが悪くないこと。京都メンバーの皆が気に入っていること。実は利点が多かったです。

島原とITの違和感を求めていた
金　立地については何を取るかですが、落ち着いているところが良いんです。毎日、隣（itonowa）で美味しいコーヒーが飲める環境が良いですね。当社は1対1で定期的な面談をするのですが、社内では話しづらいので、GOODTIME COFFEE さんを使わせてもらっています。唯一、ご飯どころが少ないことが残念ですが。
村田　最近は、私たちの itonowa やきんせ旅館など、カフェ巡りをするような人はよく見かけるのですが、ヌーラボさんにここを借りていただいてからは、エンジニアの人などこれまでの島原では見たことのない人が歩くようになったんですよね。僕は島原が地元なんですけど、昔から「ネクタイにスーツ」といった、いわゆるサラリーマンがいない街なんです。だから、ひとつの会社が入居するだけで人の流れが変わった気がします。その違和感が面白いし大事だと思います。

入居後の交流─月一のお菓子会
村田　月一で僕がヌーラボさんにお邪魔して、お菓子を差し入れしながら、近況や街のイベントをお伝えしたり、僕が島原の仲間たちと取り組んでいる「ワークス島原」の活動にも参加してもらったりしていますよね。皆でプレゼン大会をした時に、ヌーラボを代表して金さんに話してもらった時も、皆、興奮していました。
　2017年に島原にある廃校が「京都国際映画祭」の会場になりましたが、もし、次回も島原ですることになったら、ヌーラボさんに関わってもらいたいですね。例えば、映画祭の運営内部の共有ツールとして「backlog」を使うとか。
金　それ、楽しみです。

ITベンチャー×老舗織物業

　織物産業の縮小とともに、最近京都で起こっている不動産の変化といえば、IT企業の京都進出である。これまでに私も、ヌーラボやロフトワークの仲介をさせてもらい、Strolyという地図サービス開発会社とは別の仕事でご一緒させてもらった。あのLINEも京都拠点をつくった。そんなIT企業の人たちと話していると、京都に拠点をつくる理由が見えてきた。IT企業と言っても営業拠点と言っより開発拠点が京都には多い。

　特徴のひとつは、場所を厭わない業であること。それならば、家賃が安くて働きやすい環境に移動したいだろう。昨今の移住ブームやテレワークにも通ずるが、時間や場所に圧迫されないことが仕事の質を高めることにつながるのかもしれない。

　次に、グローバル視点。人材面では、海外のエンジニアの採用も多いIT業界からすると、彼らが日本で住みたい場所の最上位が京都で、京都だったら働きたいという人が多いそうだ。たしかに、先進国の首都であれば、どの国もあまり大差のない生活環境になってきている。その中で、他にはない普遍的価値があるのが京都なのだろう。また、仕事相手も海外が多いこの業界では、京都発というブランド力が国内以上に効果があるように見受けられる。

　あとは、東日本大震災以降、一気に京都の拠点を増やした企業が増えたが、その背景には、拠点を複数持つリスクヘッジがあると思う。西にひとつと考えると大阪の企業が多いと思うが、文化的刺激、海外展開などを兼ねて京都を選択する企業も少なくないのだろう。

　一方で、本文にもあったように、老舗企業の持つビル1棟が遊休不動産となっている。そこで、IT企業が老舗ビルを使うという組み合わせはどうだろうか。オフィスを中心に、海外の社員のインターンレジデンスも上階に整備する。あるい

は、上階は会社関係者のための住居にして、IT企業のサービスを利用できるメリットをつけてもいいかもしれない。

　まず、ビル1棟というのはさすがに大きいので使い道が限られるが、京都での宿泊バブルが落ち着いてしまえば、宿泊施設だけでは厳しい市場となることが見えている。また、京都の古い街であればあるほど、近隣への迷惑なども鑑み、宿泊施設として使ってほしくないと考える老舗企業は多い。おまけに、使ってくれるなら誰でもいいわけではないので、例えば私のような不動産プランナーが間に入り、街の採用担当として、街で暮らす人を探し面談する。老舗ビルの本業にも良い助言やビジネスが生まれる可能性がある。例えば、お互いの社内会議に互いの社長が出席して意見交換したり、社員同士が屋上でお昼ごはんを一緒に食べたり、人事交流があっても良いかもしれない。

　異業種の掛け合わせによる新しいモノづくりは、京都がこれまでやってきたことだし、この土地に合った事業ともいえると思う。

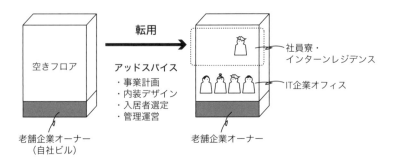

CASE 3 倉庫 ➡ 企画事務所

倉庫をクリエーターの実験可能なオフィス空間に
――一般的なイメージにこだわらない企画と賃料設計

物　件　名	アッドスパイス　オフィス
時　　　期	2015年
所　在　地	京都市左京区
規　　　模	木造2階建 1階部分 34m²
デザイン協力	ユイ・ステファニー・トナカイサインズ（岸本敬子）・CASAPROJECT

POINT
- 相談 倉庫活用と仲介の依頼
- 企画 一般的なイメージにとらわれない
- 内装 生活感を見せない空間
- 施工 クリエーターの作品をオーダーできるオフィス
- 転貸 自分よりうまく活用してくれる人に貸す

相談
倉庫活用と仲介の依頼

　独立当初、事務所はある設計事務所に間借りしていたのだが、半年ほど経ち、そろそろ自分の事務所をつくろうと考えはじめた。せっかく不動産に従事する立場なのだから、これは職益として良い物件を借りて、プランナーらしく自分を実験台に、他人の物件ではできない何か面白いことをしてみたい。会社員時代から、それにはずっと憧れがあったので、その来るべきタイミングを待ち構えていた。具体的には、相談に来る物件、レインズで探す物件全てを、一旦自分が借りてみたらどうか、と想定してみることにした。

　そのため、場所や家賃といった条件はかなり広範囲に設定した。もちろん、駆け出しの私に高い賃料は払えない。だが、高くて広ければ一部を誰かに貸したり、シェアできる人を見つければ事足りる。

　そんな矢先、知り合いの工務店さんから「物件を見に来てほしい」と電話があった。これまでも何度か物件の相談を受けている工務店さんで、今回も私の運営している物件メディアに掲載する、若しくは活用のアイディアがあれば企画から入ってほしいという相談だった。物件は、その工務店自身が使っている「倉庫」で、内見時は、そのどちらも可能性があると感じた。

企画
一般的なイメージにとらわれない

倉庫の値段で借りられる事務所

　物件とは不思議なもので、同じ空間でも、用途が変われば賃料が変わる。例えば事業用（店舗など）の場合、住居よりも通常高い賃料である場合が多い。一方、飲食、物販、ホテル、1棟貸し、2人用住居

……様々な用途がある中でも、倉庫といえば最底辺。

だが、使う側にしてみれば、不動産屋とオーナーで決めた用途が必ずしもハマるわけではない。私は、駐輪場バー（p.42）や木賃アパートのシェアアトリエ（p.122）を手がけたこれまでの経験同様、「用途に惑わされず、ピュアな眼で空間だけを見る」ことの重要性を十分理解していた。

工務店の方に見せてもらった空間は、柱も何も無い37m^{2}のシンプルすぎる長方形の空間だった。もちろん、「これ、どんな人が借りたら面白いだろう。いや待てよ……これ、私が事務所として借りたい」と、思ってしまったのだ。

オーナーに確認してもらうと、用途は問わないという。この倉庫、以前は中華料理屋だったそうで、その後、何の用途でもいいように、キッチンとトイレだけ新設され、ボード貼りの状態で、そのまま倉庫として利用されていた。コンセントも室内に10ヶ所あった。

家賃は、倉庫価格の月額2万8000円、即決で借りることに決めた（図2・3・1,2）。

「昔から治安が悪い」は今もそうなのか

もうひとつ、この物件で実験してみたいことが私にはあった。実はこの場所は、かつて、治安があまり良くないとされていた地域だったのだ。京都市内出身の両親に事後報告したら、明らかに引かれたことをよく覚えているが、それくらい昔の人にとっては、地域外の人が入っていくことは理解しがたい地だった。

しかし、今では、可愛らしい平屋が安く売られていたり、ゆるく日替わりカフェをやっている人がいたり、大学生用新築マンションが建てられていたりと、昔のコワイと今のカワイイのちょうど変換期にきている。私には、その混沌さが魅力的に映り、この変化の渦中にある

before

図 2・3・1　改修前の倉庫。外観と内観

図2·3·2 改修後のオフィス。外観と内観

2章 仲介のデザイン——街と建物の価値を上げる

街に、事務所を構えようと決意したのだった。停滞している街より、変化に富んだ街の方が面白い。

　事務所で借りている間、実際、怖い思いをしたことは無かった。怖くはないけれど、近所のカフェを営む夫婦が家の相談に来たり、ギャラリーかと思って絵画収集家のおじいさんが入ってこようとしたり。イギリス人の大工兼ピアニストと仲良くなったり。それはそれで、ここでしかできなかったであろう経験だった。ガラス張りの窓から見える景色は気さくで温かくて、俗にいう治安って何なのだろうとよく考えたものだ。

内装
生活感を見せない空間

　建物のハードのリノベーションはというと、極力大空間を残しながら、必要な部分のみ間仕切ることにした。私は仕事中に仮眠したいタイプなので、ベッドとシャワーを新しく設置した。キッチンとトイレは未使用のものが元々あったので、簡単に生活できる状態にした。というのも、私が契約した際、オーナーとは転貸（サブリース）可能という条件で契約しておいたのだ。今後、自分が使わなくなった時に住居として貸せば、リノベーション費用が、差益（差額の家賃収益）で取り戻せ、さらに収益を得られると考えたのだ（図2・3・3、4）。

施工
クリエーターの作品をオーダーできるオフィス

　今回も、小規模なリノベーションなので、もちろん建築士は入れずに、デザインは自ら行い、工事は紹介してくれた工務店さんに直接発注した。

　高さ3m近くある壁面と天井はごく薄いグレーに塗ってもらった。

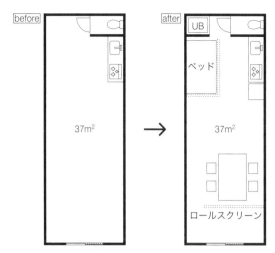

図 2·3·3　平面図（改修前と改修後）
図 2·3·4　ベッドスペース。有孔ボードでストレージ風に設えた場合（左）と天蓋ベッドの状態（右）

　人生で初めて「施主」になると、グレーの色ひとつとってもワントーン明るくするか否かで非常に悩む。それは貴重な経験だった。

　床は、フロアタイルを剥がした。本当はクリア塗料を塗りたかったのだが、工務店に、「長期間使用すると割れる可能性が高い」とアドバイスを受け、剥がしたままにした。タイルの接着剤を刷毛で塗った跡が工事途中のようで、使っているうちにこの場に合っているように思

えてきた。

　ベッドは、部屋で囲ってしまうと、せっかくの大空間が狭くなる。だが、おもむろに事務所にベッドがあっても変だろう。そこで、パーテーションと壁の間のような、パイプ壁を考案した。自らパイプの組み立てを設計図におこして、工務店さんにつくってもらった。使い方としては、事務所使用時は有孔ボードでストレージ風に見せかけ、実際仮眠時は「天蓋」に。京都で愛用の布屋「ノムラテーラー」で、蛍光黄色と薄いグレーの布を買ってつくった。

　事務所というのは、自分の仕事に対するスタンスを表現する格好の場だ。実験的に、ショールームを兼ね、クリエーターの作品をオーダーできる仕組みづくりをこのオフィスですることにした（図2·3·5）。友人にものをつくっている人が多く、「彼女たちが住まいの領域にもっと入ってきてくれたら、もっと暮らしが豊かになるのになぁ」とい

図2·3·5　オフィスのスペースを若手クリエーターのショールームとして活用する提案

う想いを長年あたためていた。そこで、事務所に彼女らの作品を使いながら見せ、それを私の仕事で打合せに来た人が気に入れば、オーダーできるしくみをつくることにした。

1人は、事務所に来た誰もが素敵と驚く壁画の作者、ユイ・ステファニーというアーティストだ。駅の仮囲いや25mプールなど大空間に描く抽象画を得意としている。共通の友人が寝室に描いてもらっているのをFacebookで見て一目ぼれして連絡してみたのだが、物件近くの芸大に通っていたそうで、京都に縁もあり来てくれることになった。1週間滞在してもらい、滞在型インスタレーションとなった。休憩がてらお茶に誘った際、「どこに掛けられるか分からない額に飾られた画より、今回のように制約のある状況で描くのが苦しいけど楽しい」という彼女の言葉が、リノベーションの仕事と同じだ！　と意気投合するきっかけとなった。以降、彼女の個展で対談するなど交流を深めている（図2・3・6）。

カーテンは、CASA PROJECTというクリエーターにお願いした（図2・3・7）。不要になった傘の生地をパッチワーク上に縫い合わせ、カラフルで丈夫なプロダクトを制作している。実は、彼女は東京時代、隣の部屋に住んでいた友人で、私にものづくりの力を教えてくれた恩人でもある。今回は、傘布という軽く水に強い特性を活かしてシャワーカーテンをつくってもらった。ユイさんの壁画や室内のデザインを伝え、この部屋ならではの配色にデザインしてくれた。

そして、トナカイサインズの岸本敬子氏には、見れば一発で分かるコミュニケーションツールとして、照明のスイッチ周りをはじめ室内の至る所にサインを描いてもらった（図2・3・8）。

このように、自分が日頃から素敵だと思っているクリエーターとコラボレーションして空間をつくることができた。実際、来訪者たちは必ずと言っていいほど壁画の前で写真撮影をし、彼女たちの名前を検

索する。実際にプロジェクトの相談がしたいという人に紹介したこともある。建築という狭い世界に、彼女たちのような伸びやかなエッセンスが入ることの可能性を、このプロジェクトの経験を通して実感している。

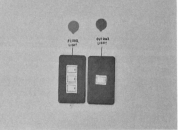

（上）　図 2・3・6　ユイ・ステファニーの壁画
（下左）図 2・3・7　CASA PROJECT のカーテン
（下右）図 2・3・8　トナカイサインズ（岸本敬子）のサイン

転貸
自分よりうまく活用してくれる人に貸す

　仕事柄、依頼主のお宅や建築現場に出向くことが多いので、事務所の使い途といえば、事務作業とたまにある打合せ。週の半分くらいだ。1年半ほど使っていて、「私では、この場所を活用しきれないのでは？」と思うことが増えた。仕事が忙しくなったタイミングも重なり、いつしか、近くのカフェへは足が遠のいた。そもそも借りる理由だった、街の魅力を散策して探ることもできないでいた。商店街のある街に住みたいと思って住んだのは良いものの、商店街の空いている時間に退社しないサラリーマンのようなものだ。そこで、リノベーション時に想定していたように、人に貸すことをリアルに考え始めた。

　ただ、誰にでも借りてほしいわけではなく、裏条件は「自分より、この部屋を愛用して、街を楽しめる人」。大好きなクリエーターたちに協力してもらってつくったこの空間を自分が使わないのは、正直惜しい気持ちもあったので、それを超えてくれる人がいたら借りてもらおうと思い、個人のFacebookに「友達の友達まで」限定公開で募集してみた。あくまでもサブリースであって、オーナーは私ではないので、私と直接の知り合いで信用のおける人が希望だったからだ。

　すると、その投稿はあっという間に25件もシェアされ、劇団の事務所や画家のアトリエなど、予想をはるかに超える応募があった。

借りる人を選べる状況をつくる

　最終的に借りてもらったのは、DJ兼音楽プロデューサーだった。天井の高さと壁面の多さを利用し、一般賃貸では保管しきれないレコードを置きたいとのことで、関心を持ってくれた。元々知人だったこともあるが、理由を聞き、人柄も含め、彼ならこの場所を私以上に想像

力豊かに使いこなしてくれそうだと感じた。そのイメージが動画で想像できたことが一番の決め手だった。

案の定、入居後3ヶ月ほど経って会った際、私よりも近所のカフェの子とも仲良くなっていて、上階に住むギター好きのお兄さんとも下の名前で呼び合う仲になってくれていた。

ちなみに、家賃は家具付きで5万2000円。正直、家賃はオークション制にすればもっと高く借りてくれる人はいたと思う。だけど、誰に借りてもらうかが私にとって最も大事だったのだ。これは、リーシングだけではなく、収支面、管理面においても重要なことだ。工事費はクリエーターへの依頼費込で100万円程度だったので、サブリースで3年半以上借りてもらえたら工事費が回収できる計算になる。それは、ゼロからそれだけの価値を創出できたということが、家賃という数字で証明できたことになる。また、知人であれば何かトラブルがあった時にも直接やり取りでき、管理の手間がかからない良さもある。

自分自身が使い手として必ずしもふさわしいと思えなくなったことは、想定外の事態だったが、はじめから空間の選択肢を狭めないこと。そして、自分をまず実験台にすることでトライ&エラーを繰り返すことができ、それが、ゆくゆくは仕事にも活きると信じている（図2・3・9）。

まちの採用担当として

知人の青木純氏が、「オーナーはまちの採用担当」とよく言っている。志のあるオーナーこそが、その街に住んで、暮らす人を探し、呼び込むことができる。ただ実際、全国のオーナーの誰もがそれをできるかといえば、状況的に難しいだろう。

今回、決して規模は大きくないが、オーナーから賃貸した不動産に私が自ら投資して、結果的にサブリースすることで、オーナーの立場

図 2・3・9 事務所全景。色のトーンを統一し、カラフルなクリエーターの作品たちを際立たせている

でプロジェクトを行った。不動産プランナーも、まちの採用担当として、街にとって欠かせない適切な人をスカウトすることで、より魅力的な街に貢献ができることを実証できたと思っている。普段からオーナーに寄り添い、不動産や場所の使い方を考えているからこそ、オーナーも住まい手も街も、ハッピーになる状況を生み出せるんじゃないか。そう自負している。

泊まれるショールーム

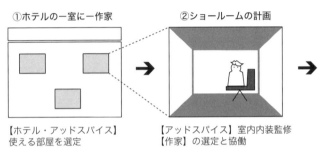

①ホテルの一室に一作家
【ホテル・アッドスパイス】
使える部屋を選定

②ショールームの計画
【アッドスパイス】室内内装監修
【作家】の選定と協働

　最近の京都は、建築看板にぶつかれば「宿泊施設」の文字。どれだけつくるのかというほどだ。そして、たいていは古典的京都らしさの一辺倒で、いやいや、皆それが好きではないでしょう、とツッコミを入れたくなる。京都ブランドを押し込めるのではなく、もう少し広い視野で、京都の価値を捉えてみてはどうだろうか。日本に来る観光客からすると、東京に次いで人気の京都。そして、最も日本らしい都市であり、文化・歴史・芸術などにおいて日本を象徴しているのは明らかだ。日本を凝縮したような地方都市の代表、京都が担うべき宿泊施設として「泊まれるショールーム」を提案したい。

　ショールームで売るものは、日本の各地でつくっている伝統工芸作家の作品だ。地元へのＵターンや制作環境の整備、伝統工芸への関心などから、作家の地方移住が、近年進んでいる。しかし、彼らは制作は地方でできても、売る場がインターネットのみという場合も多い。伝統工芸の多くは、手に取ってはじめて分かる良さ、長時間使って分かる良さにあるから、インターネットしか購入先が無いのは、伝統工芸の売り場としては具合が悪い。

　ならば、宿泊して実際に作品を使いながら購入を検討できる、泊まれるショー

③ゲストが滞在して利用

【ゲスト】現物利用

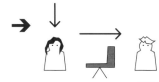

④購入する

ゲストがホテルへ購入連絡

【ゲスト】購入
【作家】制作・発送

※購入利益は、作家・ホテルで分配。アッドスパイスはホテルよりコーディネート報酬

ルームを京都につくってはどうだろうか。地方で制作しても売る機会に恵まれない作家と実物を見て買いたい買い手をつなげるのだ。作家には、遠方で買いに来られない層に作品を知って購入してもらえる機会になる。

　ホテルの一室に一作家、専用の部屋をつくる。使ってみて実際に作品を購入すれば、作家にはもちろんフィーが入るが、運営側にも場所貸しとしてフィーが入る。東京で展示会をするとなると莫大な費用が掛かるが、これだと最小限に抑えられ作家にも優しい。

　ホテル運営者にもメリットが大きい。まず、全室を改修しなくとも、一室から始められる。ゲストが使わない日中は、普通のショールームとして有効活用する。そうすることで、宿泊しない地元層にもホステルを知ってもらう機会をつくり、知人を宿泊に紹介してもらうなど口コミにもつながる。地元に愛されるホテルと謳っていても、実践されているホテルは少ないので差別化にもなる。飲食店併設であれば、売上増加にも貢献するだろう。

　作品は、高額で体験して買ってもらいたい物、つまり、家具や什器、照明、陶器などが合うだろう。関わる人全員が幸せになれるしくみになり得そうだ。

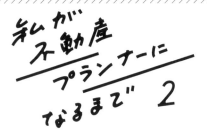

不動産への気づき

地方大学のコンプレックス

学内では、建築の第一線で活躍するゲストを大学に招き、講演してもらう「DANWASHITSU」というプロジェクトを先輩たちと発足させた。年に4回、建築家をはじめ建築にまつわる、自分たちが気になるゲストをお呼びした。

DANWASHITSUの原動力は、地方大学のコンプレックスだ。滋賀の北部では、講演を聞きに行こうと思っても、大阪や京都へは1時間半ほどかかってしまう。街中の大学であれば、建築家にも質問できるし、学生間でも議論ができる。情報量の少ない環境を不利だと感じていた。幸い、大学の最寄りである彦根駅は、新幹線停車駅の米原駅から2駅、東京からのアクセスは案外良かった。ならば、大学にゲストを呼んでしまおうと考えたのだ。まさに、コンプレックスが生んだ発想の転換。さらに、終電で帰れないことをいいことに、①講演会（ゲストの講演）、②座談会（お酒を飲みながら質問形式）、③飲み会（居酒屋でざっくばらんに話す）、そのまま宿泊してもらうという3段活用フォーマットを生み出した。講演会の参加者は、当初は内輪中心だったが、今では関西中から一般の方が聞きに来てもらえるまでになった。

また、毎年講演録を『雑口罵乱』という本にまとめた。私は1～2巻の制作時に在籍し、1人2万円の持ち出しで印刷会社に持ち込んで印刷してもらい、自費出版した。売った分だけお金が戻ってくることになる。自分たちが企画した講演会に来てくれる人が増え、それを本にすることでさらに多くの人にライブ感を届け

られる。手弁当ながらもやりがいがあった。その精度の高さで、関西の建築界ではちょっと知られるようになった。第5巻からは後輩のおかげで版元がつき、一般書店やAmazonでも売るようになった。現在9巻まで続いている。

卓上の勉強はお世辞にも優秀とはいえなかったが、手足と頭、学生という身分を存分に使い果たした自負はある。

『東京R不動産』との出会い

迷いに迷っていた大学1年の秋のこと。京都のヴィレッジヴァンガードで、『東京R不動産』の本を手にした。「日本一面白い不動産屋」と帯に記されていた。当時は「不動産」という単語になじみがなく、むしろ大学では、先生から悪者のように扱われていたので、正直不動産のイメージは悪かった。

だが、その本に写っていたのは、使い手がイキイキと建物を使っている姿。設計を諦めてしまった私に、一筋の光が見えた瞬間だった。設計を諦めても、建築で自分を活かす道はあるかもしれない。その本に登場する場の空気感、それこそが自分の目指す建築なのではないか、と思った。実際に話を聞いてみたくて、DANWASHITSUに東京R不動産の馬場正尊氏をお呼びしたのは、それから半年も経たない頃だった。

不動産という選択肢

いよいよ就職を考える場面、これまでの出逢いから、不動産に進むことは自然な流れだった。京都に育ち、古い建物を活かすことへの親しみ、それを使いこな

す人々の風景。それは、設計でもつくれるとは思うが、私には、不動産という手段を使って、より多く、より普通の人の生活を変えていくイメージがもう見えていたのかもしれない。

リーマンショックのショック

　リノベーション会社に絞って就職活動を進めていた私に、アンラッキーな出来事が起こった。2008年リーマンショックである。2009年卒の私は大打撃をくらい、就職が決まりかけていた会社の採用が白紙になってしまった。そのとき既に大学4年生5月。もう就職活動の時期は終わっていた。これからの時代、自分に力をつけることだけが自分を救うと考え、とりあえず在学中に取得できる不動産の資格として、宅建を目指すことにした。5月から半年の勉強は、もう後が無いと自分を追い込んで合格した。

　その後、結局大学卒業まで就職は決まらなかった。大学で配られる卒業生の進路状況に「就職未定1名」と書いてあったことは、痛烈に覚えている。

　大学を卒業してしまったので、いっそのこと焦らず自分が納得する進路を考えようと改めた。企業WEBサイトや社長ブログなどで情報収集していたところ、あるひとつの会社に出会った。渋谷の不動産ベンチャーで、不動産の有効活用を仕入れから管理まで行っている会社だった。WEBサイトの採用欄には、ご丁寧に「新卒お断り」と書いてあったが、その時の私に怯んでいる余裕はなかった。ちょうど、先方も猫の手も借りたい状況で、入社することとなったのだった。

3章

企画・運営のデザイン
——街に場をつくる

　物件所有者、あるいは物件を探している方から問い合わせがあると、物件に応じてどんな人に使ってもらうのが適切かを想定して企画を行う。企画は、単に建物を見て判断するだけではなく、周辺環境やエリアの特徴も鑑みて提案する。また、設計者や施工者の選定は、建物との相性だけではなく、オーナーとの相性を考える。一つひとつは細やかな作業でスムーズにいかない局面もあるが、一連の流れを諦めずに引き受け、最終的に出口まで持っていく。魅力的な内装デザインをつくるのはプロとして当たり前。それだけで終わることなく、プロジェクト全体をデザインしていくことに本質がある。本章こそ、不動産プランナーの基本と言えよう。

CASE 1

メゾネットマンション → 女性専用シェアハウス

小規模不動産投資のデザイン
—— マンションを購入してシェアハウスに

物件名	Lis Colline 神戸岡本
時期	2014〜2015年
所在地	兵庫県神戸市東灘区
規模	RC造6階建 3・4階部分 79.62m²
施主	個人オーナーO
施工	㈱ルーミンリフォーム
ヴィジュアルデザイン	トナカイサインズ(岸本敬子)

[POINT]
相談 シェアハウスありきの依頼
物件探し 神戸らしい立地にこだわる
企画 欠点にとらわれすぎず長所を伸ばす
収支計画 地方のシェアハウス事情を見込んだ収支計画
チーム編成 少数精鋭のチーム
設計・施工 施工費に緩急をつける
内装 見せ場のつくり方
募集 見知らぬ地ではあらゆる手段を駆使
管理 皆が気持ち良く暮らせる管理

相談
シェアハウスありきの依頼

　独立してから間もなく、京都の知人を経由して相談があった。「シェアハウス事業を始めてみたいという人がいる」という相談だった。2014年、関西ではまだまだシェアハウスが浸透していなかった時代、東京でシェアハウスの企画・運営の実績があった私のことを聞きつけて、連絡をくださったのだった。

シェアハウスの始まりと多様化
　シェアハウスは、会社員時代に2008年の創成期から5年間、40棟に携わった。

　それまではいわゆる「バックパッカーのためのゲストハウス」というイメージだったシェアハウスが、もう少し一般的に認知され始めた頃だった。シェアハウスの専門のポータルサイト『ひつじ不動産』ができ、2010年にはひつじ不動産の本が発売された。2013年には「テラスハウス」（フジテレビ系列）というテレビ番組で、シェアハウスで暮らす男女の恋愛番組が一躍話題となり、一気に認知度は高まった。広がりを見せる一方、2012年には、消防法違反に基づくいわゆる脱法ハウスが摘発され、シェアハウスを適正化するための協会が発足された。また、2011年東日本大震災では、「シェア」という価値観自体が見直され、皮肉にもシェアハウスが市民権を得るきっかけにもなったと思っている。

　入居者は、当初は海外経験のある人が多かったが、次第に都内で働くOL層にも広がり、より一般化していく実感があった。シェアハウスの種類は、戸建をリノベーションしたアットホームな小規模のシェアハウス、一般賃貸同等価格の大型シェアハウス、さらには、「バイカ

ー向け」「料理好き向け」などコンセプト型といわれるシェアハウスまで登場し、時代に経るにつれ、どんどん多様化していった。

女性の生き方を前に進めるアイテム

そのような状況下で、前職では女性専用のシェアハウスをつくっていた。メインの入居者層は、20代後半〜30代の一般女性。普通のマンションよりおしゃれで利便性が良くて、快適で、少し安い。

そんなシェアハウスは、様々な女性を救った。東京には、各々の問題でシェアハウスを必要としている人がいた。社会的に恵まれていないというわけでなくても、その寛大な受け皿を必要としている人が確実にいた。

テレビなどの影響もあり、シェアハウスというとキラキラしたイメージを持たれがちだが、私にとっては、「現実的に女性の生き方を前に進めるアイテム」だった。

オーナーから「所有している物件をシェアハウスにしたい」と依頼されるところからスタートする場合は、物件ごとにエリアが異なるわけで、依頼の度に、その街にはどんな人が住んでいるのか、住む街なのか働く街なのか、物件周辺をくまなく調査した。

調査時に私がよく使っている方法は、最寄り駅前の喫茶店で、どんな人がいてどんな会話をしているのか盗み聞きすることだ。スーパーで大安売りしている物をチェック、ゴミの出し方をチェック、通りすがりの会話をチェック。そこからはその街の住人の民度が分かる。そして、その街に合った入居者層を描き、内装やロゴなどのビジュアルデザインや賃料などの賃貸条件に反映させる。そのため、よくマンションにあるような「〇〇シリーズ」といった自社ブランドの名前にするのではなく、その物件だけにしかない、それぞれ特徴のある物件名になる。語感もよくないと覚えてもらえない。物件名ひとつとっても、

重要なデザインなのだ。

リノベーション、企業、小商いに意欲のあるオーナーとの出会い

　依頼主のOさんは、会社の事業継承を業とされている方だった。つまり、事業の残し方と引継がせ方を立案する、会社のリノベーションである。まさに、『今ある会社をリノベーションして起業する小商い"実践"のすすめ』（ミシマ社）という本を当時出版されたばかりだった。住まいのリノベーションにも興味が出てきたという。その本を読み、なるほど、会社も家も、リノベーションの考え方の本質が共通しているんだな。ゼロから始めるよりコストはかからず、小さく自分らしい場所をつくれる。そこに共感していただいたのかなと予測できた。

　Oさんは、その時点で所有する物件があったわけではなく、これからシェアハウス用の物件を買って投資したいという話だった。仕事になるかどうかは分からなかったがOさんに興味が沸き、話をしてみたいと思い神戸に向かった。話すと、単に会社の跡継ぎを探すというよりも、会社のプロセスをつくることがリノベーション。そんな考えの持ち主だった。そこで、「自身も会社のリノベーションを行っているので建物のリノベーションをしてみたい。特に、つくる過程を楽しめそうなシェアハウス事業に挑戦してみたい」という考えに至ったという。

　私にとっては、オーナーこそ同じ船に乗る仲間。投資目的であっても同様に、お金を払ってくれるだけの存在とは思っていない。仕事の依頼がきたら、必ず会って話してみて、この人とならリスクをともにできそうかどうか、互いに知り合う時間を取っている。そういう意味では、Oさんとは共鳴できた。

物件探し
神戸らしい立地にこだわる

関西の代官山・岡本―街を雑誌にたとえてターゲットを設定

　初回の打合せを終え、一旦投資物件を探してみることになった。条件は、神戸市内であることのみ。いずれ、Oさん家族が住むことも想定していたため、これだけは外せなかった。

　まずは、神戸市内と言っても広域なので、エリアの絞り込みから進めなければならない。東京と京都でシェアハウス物件をつくってきて、最も多かった入居者層は、地方からの移住者、若しくは、実家を脱出して1人暮らしをしている人。その二択が大半を占めた。もちろん、一般賃貸から引っ越す人もいるが、シェアハウスのメリットは家具家電が揃っていて、初期費用が安いこと。その次に、賃料がワンルーム賃貸に比し安く、デザイン性が高い。これは、東京と地方と両方でシェアハウスをつくってきたからこそ言える。今回の物件でも、そんな人たちが良いと思う「神戸らしさ」を感じられる場所を考えた。

　私自身、神戸には三宮に買い物に行ったことがあるくらいで特に地縁が無かったが、余所者感覚で「神戸らしさ」を感じられる場所を探した。友人やオーナーのOさんに候補の場所を相談し、できるだけ新鮮な気持ちで駅に降り立ち、何日も街を練り歩いた。

　神戸の主要なエリアを歩き回るなかで、岡本の街に焦点を当てることにした。岡本は、関西の代官山とも呼ばれ、根強いブランド力がある。実際に何回か足を運んでみると、おしゃれなカフェに老舗のスイーツ店、パン屋に花屋、品の良い洋服屋さんと、噂通りの大人女子の店がよく流行っている。たしかに代官山的だ。かつ、気取りすぎることなく駅前にスーパーもあり、暮らしやすそうだ。そして、地形も神戸らしく、山と海が近い。登山道の入り口にもなっている（図3・1・1）。

図3・1・1　岡本の品の良さが窺える店

　また、利便性はシェアハウスに欠かせない要素だが、阪急岡本駅とJR摂津本山駅が使え、阪急は特急が停まる。三宮方面にも大阪方面にもアクセスが良く、神戸でも屈指のアクセスの良さだ（図3・1・2）。

　このような理由からワンルーム賃貸の賃料は6.5～8万円ほど、周辺駅と比べると割高だった。想定したシェアハウスのターゲットは、シェアハウスの住み替えをする人でなく、ワンルーム賃貸と比較して探している人。そのため、「ワンルーム賃貸よりお得で素敵」であるこ

図 3・1・2　周辺環境の整理（地図© Google）

とが必要だった（表 3・1・1）。

　岡本の街を性別にたとえるなら完全に女性だ。シェアハウスの住人の7割が女性であり、女性の方がシェアハウスに住む理由に必然性があることを前職の経験から実感していたので、大人の女性向けのシェアハウスにしようと考えた。

イメージを裏切らない物件—山のふもとのヴィンテージマンション

　立地は岡本を第一候補にしながら、物件を探し初めた。神戸らしさが感じられることを重視し、外国人住宅やヴィンテージマンションを中心に探した。オーナーにとっては初めての不動産投資なので、初めからリスクの高い投資よりも、比較的安く家を購入し、安定した収益を得られる小回りの利いた物件の方が良いと考えた。

　レインズで岡本周辺、築年数古め、個室が3〜5室ほど取れそうな物件を探したところ、山のふもとにあるヴィンテージマンションを発見した。しかも、2フロアあるメゾネット物件だった。シェアハウスにおいて、入居後最も多いトラブルは音の問題なので、キッチンなど

表3・1・1 競合する物件との比較

名称	所在地（交通）	賃料（共益費）	備考
シェアハウス A	阪急三ノ宮駅 徒歩8分	5万8000円 （1万2000円）	マンション一部・女性専用 8部屋中 空室1 平均9.7帖
シェアハウス B	阪神岩屋駅徒歩4分 JR灘駅徒歩9分	4万6000～5万円 （1万2000円）	戸建・男女共用 17部屋 空室5 平均6帖
シェアハウス C	JR神戸駅 徒歩10分	4万8000円 ～ 5万4000円	ビルリノベーション・男女共用 新規オープン物件 平均7帖
一般賃貸 D	阪急岡本駅 徒歩10分以内	7～8万円	マンション1K～1LDK 14～16帖
本物件	阪急岡本駅徒歩5分 JR摂津本山駅 徒歩9分	5万5000円 （1万円）	マンション1室・女性専用 新規物件 平均5帖

の共用部と個室の階が分かれているメゾネット物件は魅力的だった。

　グーグルストリートビューで周辺をヴァーチャルに歩いてみたり、物件情報をくまなく調べた結果、これは相当良い物件、これでないと難しいかもしれないと興奮混じりにOさんに連絡した。そこではじめて、Oさんが岡本在住と知ったのだった。それならば、将来オーナーが住み替える時にも都合が良いし、何より、街に詳しいオーナーが居ることはシェアハウスの入居者にとっても安心だ。

　その偶然もあり、「良いところがあったら」と思っていたOさんも乗り気になり、私も「これは本当にはじまるプロジェクトかもしれないな」という期待に胸膨らんだ。

第一印象は「眺望・デザイン・共用部・住民」から得る

　早速、不動産屋さんに連絡を取り、2人で物件の内見に向かった。

まず、入った時、最初に目に飛び込んできたリビングからの海辺の景色が、「いかにも、神戸っぽい！」。遠くには海が見え、裏は山。空気の流れがさわやかで気持ちが良い（図3・1・3）。京都では、なかなか街中でこの景色を味わうことはできないので、私にとってこの風景は一層魅力的だった。

建物に入った瞬間の第一印象は、見逃してはならない。入った時に見える景色、デザイン、におい。昔、『人は見た目が9割』という本がベストセラーになったが、内見する人にとっては、入った瞬間に心を奪われるかどうかが、入居を決める鍵となる。そのため、リノベーションをする際、外観も含めた「物件の顔づくり」を重視している。

建物は、全体的には平凡なリフォームがなされていたが、購入後に

図3・1・3　神戸らしい山と海のある眺め

リノベーションするのだからどうせ変わるので、既存が少しカッコいいか否かはどうだっていい。それよりも、バルコニーに可愛らしいタイルがあしらわれていたり、共用階段の手すりがモダンだったり、勝手に変えられない共用部分、つまり建物自身のデザインが素敵で魅了された。他にも、広々とした屋上や、共用玄関脇に各室の物置が設けられ、設備も良さそうだった。

そして、エレベーターで会った小学生が挨拶してくれ、窓先に花が綺麗に生けられていた。玄関もゴミが落ちることなく管理が行き届いている。自分が入居するとしたら、どんな人が同じマンションに住んでいるか、気になるポイントだろう。同じ屋根の下で暮らすマンションの住民の属性が良さそうなことも、決め手となった（図3・1・4、5）。

図3・1・4　1階ロビーの共用部。階段の手すりがモダンだったり、住人同士の挨拶があるなど、共有部分の印象は重要だ

3章　企画・運営のデザイン――街に場をつくる

図 3・1・5 改修前後のリビング。入室した時の第一印象「物件の顔づくり」を重視した

購入費と改修費のバランスを見極める

　よくある話で、売買金額は安かったが実際に見に行ったらボロボロで、大幅に改修費用が掛かってしまったという場合がある。だから、購入金額はあくまでも目安で、リノベーション費用と合算した金額を見積もらないといけない。これは、自己用でも投資用でも同じことが言える。

　今回の物件は、築古であったことや土砂災害警戒区域であることから、購入費用は安く抑えられた。また、費用がかさむキッチンや浴室と言った水回りの設備が既存のまま使えたので、改修費用が抑えられ、ほとんど内装工事のみで済むのも購入ポイントとなった。

企画
欠点にとらわれすぎず長所を伸ばす

　内見後、部屋数と水回りなどの改修費用の数字をはじき出し、大まかな収支計画を算出する。これが無いと、購入する判断がつかないからだ。しかも良い物件は賃貸・売買に関わらず、他の人にも狙われている可能性があるため、素早い判断が求められる。内見前から当たりをつけ、内見後3日以内には依頼主への提案書を送付するようにしている（図3・1・6）。

　当初、Oさんの仕事の関係などで、開発合宿やイベントなどに共用ビリングを利用しようと考えていて、その採算を加えていた。しかしその後、2人で何度も話し合い、女性専用物件で大勢の人の出入りがあるのは抵抗があるだろうということで、ここでイベントをする案は、購入前に断念した。二兎を追うものは一兎も得ず、である。

　もちろん、改修費用算出のため、リノベーションのおおまかな提案もこのタイミングで提案する。畳がNGというわけではないが、岡本を選ぶ大人女子には不向きなのでフローリングに変更した。

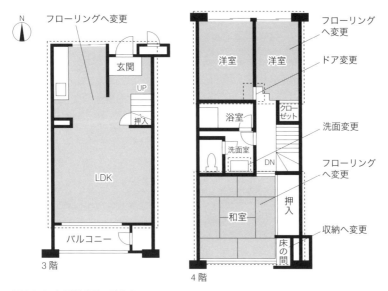

図 3·1·6　初回提案時の改修案

　トントン拍子で非の打ち所の無い物件に出会ったように思うが、決してそうではない。例えば、家の前が墓地というのは、一見するとネガティブポイントだ。ただ、隣地に大きな建物が建たないわけで、眺望が確保されている点は非常に良い。また、駅から家までの急な勾配のある坂道は、普通に考えると辛くて嫌だ。ただ、何回か通うと私も慣れてきて、毎日ジムに通わなくてもいい運動になる。見方を変えることを提案してみる。

　全てが完璧な建物なんてない。恋人と一緒だ。だから、欠点は致命的でなければ許容できる人を探すのみであり、欠点にとらわれすぎないことが大事だ。

典型的な神戸らしさにこだわる理由

なぜここまでして神戸らしさにこだわるのかといえば、今回は、シェアハウスをつくることが命題だったからだ。

シェアハウスに住む人にとって、そこで暮らす時間は特別なもの。一生住み続ける家ではないからこそ、シェアハウスの暮らしは、長い人生において特別で、濃密な時間であってほしいと願う。共同で暮らすのだから面倒だってあるけれど、そこでしか得られない学びや出会いもある。だから、暮らす物件は、なんだかテンションが上がるものであってほしい。これは理屈ではなく、5年で40棟以上、東京や京都、いろんな場所でシェアハウスをつくってきて、シェアハウスの入居者さんから学んだことだ。この気持ちが、その後の内装や運営までつながっていくのだ。

注文住宅のデザインであれば快適性、宿泊施設の短期利用であれば快適性に加え非日常性を求められるだろう。使い手の居住時間も、デザインには反映される。

住む人を具体的にイメージする

これまでの話をまとめあげ、「品のある大人女子のためのシェアハウス」をつくることとになった。今回のケースは、立地・建物と順に決まっていくにつれて、どのようなシェアハウスにするかも自然と決まっていった。部屋も3室しか確保できないので、3人で男女一緒のシェアハウスとするのも無理があり、男性若しくは女性のみとなると、岡本なら女性専用となるのは自然の流れでもあった。

私にとっての大人女子のイメージは、30代前後のナチュラル系な服装や生活を楽しむ人のイメージだ。よく、物件の企画に「ターゲットは若い女性」と書かれているが、若い女性ひとつとっても千差万別だ。だから、より具体化するためにどんな雑誌を読んでいそうかを、自分

の中で毎度想定している。今回でいうと、『& Premium』や『SAVVY』。服より美味しいもの、雑貨や旅が好きな人。実際そういう人が入居するかどうかは別として、それくらい住む人を具体的にイメージして物件をつくり込む。

物件名は「Lis Colline 神戸岡本」。「Lis Colline」（リスコリヌ）はフランス語でユリの丘という意味だ。丘のような立地の特徴からアンドプレミアム女子に響きそうな名前を考えた。

収支計画
地方のシェアハウス事情を見込んだ収支計画

企画の具体化と並行し、事業計画を立てる。一般的にシェアハウス事業は、大きな空間を細分化して貸すので、収益を見込みやすいという前提がある。

売買金額と工事費、家具代などその他経費と、借主が支払う家賃の合計を調整する作業に入る。まずは岡本のワンルーム賃貸の相場を調べると、予想以上に高いことが分かった。目指すシェアハウスは、一般賃貸よりやや安め、クオリティはそれ以上を追求してきた。どれだけ付加価値が高くとも、シェアハウスは現在の首都圏以外の不動産市場では、一般賃貸より割安でないと厳しい。家賃や家具備品代などを過去の実績もふまえて算出した。シェアハウスにするための費用（工事・家具備品・企画など）は3.3年、一室空室でも5年程度と、想定期間内で回収できそうだ（表3・1・2）。

そこまでを明らかにし、内見から1ヶ月後に売買物件の申し込みを入れた。関西では、シェアハウスはまだまだ浸透しておらず、売買の不動産仲介業者にすらなじみは薄い。事前にマンション組合にもシェアハウスという業態の説明を細かにし、確認を取ることで、売主にも承諾いただいた。そこでやっと、メゾネットマンションの売買契約が

表 3・1・2　シェアハウスにするための費用。物件購入費以外の初期投資は 3 年程度で回収するスキーム

A【初期投資】

施工・デザイン	270 万円
家電・家具・備品	120 万円
企画	60 万円
広報	5 万円
登記他	150 万円
合計（物件購入費を除く）	605 万円

B【月額収入】

家賃合計	16.4 万円

C【月額支出】

マンション修繕積立	1.2 万円

A ÷ (B − C) ＝ 3.31 年回収

※光熱費は共益費と相殺

成立した。

チーム編成
少数精鋭のチーム

　今回も、このプロジェクトのためのチームをつくった。プロジェクトに合わせて、誰がどのポジションに必要か、自分自身も含めてプランニングする。

　一般的に建物をつくる場合、不動産業者・設計者・施工者が必須と考えられがちだが、私はプロジェクトごとにその当たり前の組み合わせから疑ってみる。そのため、毎回同じチーム編成でもなく、新しいポジションが必要と判断した場合は、適切な人を探し出す。

　特に、設計においては自分が建築出身であること、借り手がつくデザインをするべく内装は自ら行っていることから、設計者を入れないこともある。その場合は、設計が良く理解できる施工者に依頼し、私と施工者で設計者の部分を担っている。まず設計費がかからないので、予算が少ない案件には大幅なコストダウンにつながる。また、施工者は借り手目線で物をつくってくれるので、美的感覚さえ共有できる人であれば、機能的で質の高い物がつくれる。チームは少数精鋭の方が、

意思疎通が早い。ここまで良いことしかない。

施工者の選定─見積もり修正・設計・施工をともにできる相手

　今回も、設計者は入れずに施工者と私とで行うことにした。ただ、神戸は地縁が無いため、施工会社はオーナーの知人の紹介やWEBサイトなどで良さそうなところを見つけた。ただ、事前にお会いしたことも無いので、先ずは見積もりに3社来てもらってから、見積金額や現場監督との相性や考え方で決めることにした。

　現場監督と何度も見積もりを修正し、削れる部分を徹底的に削って考えた。工事が始まってからも、塗装具合や棚の位置など細かい部分を現場で調整した。現場に足を運んでも、オーナーの代弁者ではあるものの、施主でもなく設計士でもないので、現場の方に煙たがられる立ち位置ではある。そのため、社長や監督さんにいかに自分たちの目指しているものを理解してもらって協力体制を仰ぐかが必要だ。トップが心ある方だと、ついている職人さんたちは必ずと言っていいほど、誠実な仕事をしてくれる。これは、現場で学んだことだ。

どこにデザイナーを起用するか

　室内の壁は全て塗装にし、ポイントでリビングや個室にはイラストを描いてもらうことにした。元々友人だったデザイナーの岸本敬子氏にお願いした。ターゲット層と同世代の兵庫県出身の女性だ。依頼した理由は、以前、商業施設のショーウィンドウに、彼女がイラストを描いた仕事を見せてもらったとき、空間にイラストを描ける人っているんだな、と驚き印象に残っていたからだ。しかも、夢のある楽しいイラストだった。ちなみに、その仕事がクリスマスシーズンでトナカイの服装で描いたことを機に、「トナカイサインズ」というユニット名になったそうだ。後に、私自身の事務所のサインもお願いすることに

なる（p.81）。

　彼女も、岡本の街をよく知っているからと快諾してくれ、このシェアハウスにふさわしいイラストを一緒に考えた。話し合いの中で、アート作品というよりも、さりげない風景のようでいてここにしかないイラストを描いてもらうことにした。

　仕事・プライベート問わず、私は、「この人のこの素敵なセンス、まだ皆に知られていないけど私は好き」というのを発見するのがとても好きだ。そんな仲間は、建築と関係のない業種の中にもいるかもしれない。その後、売れっ子になってしまってなかなか仕事をお願いできなくなってしまうこともよくあるが、違うフェーズになったらまたお願いできる日が来るかもしれない。そう思い、仕事を続けている。

設計・施工
施工費に緩急をつける

　収支計画から算出された全体のリノベーション工事費用は、300万円ほどとなった。決して予算が潤沢にあるわけではなかった。限られた工事費の中で、お金をかけるところはかけ、必要のないところは抜くといった、緩急をつけた費用配分が必要だ。まんべんなくお金をかけても、どこにでもありそうで、空間がぼんやりしてしまう。

　例えば、隣りあわせだった壁の遮音性が無く、音が筒抜けだったので、既存ボードを壊しフレームを入れ二重張りに貼りなおした。1家族が住む住宅であれば既存のままで問題ないが、他人が暮らすシェアハウスでは音は最も問題になりやすい。また、入居後になると工事が難しい箇所でもあるので、ここは工事することにした。

　床材は安いものではあるが、本物の木材（無垢材）を使用している。消耗品である家具や備品はできるだけ安く仕上げた。この緩急のつけ方も、オーナーの資産になることをふまえてだ。建物とオーナーの思

before

図3・1・7　改修前の和室とリビング、キッチン

after

図 3・1・8 改修後の洋室とリビング、キッチン

いを承継しながら、長期的展望を持つこと。「オーナーに最初から最後まで寄り添う」のは、3年や5年で初期投資を回収すれば終わりではない。オーナーにとっては、その先ずっと続きがある（図3・1・7、8）。

内装
見せ場のつくり方

塗装とイラスト

　室内の壁には、例えば、個室のひとつには月桂樹のようなイラストを描いてもらい、そこに時計をかけたり、写真を飾ったり、入居者が自分なりにそのイラストを使いこなすことで作品が完成するような仕掛けにしている。毎日目がいく玄関脇のすりガラスには、フレームをボルドー色に塗って額縁のようにし、「TODAY IS A GOOD DAY !」と記した。建物は、完成する前より完成後の方が圧倒的に長い。毎日、良い日も悪い日もこんな言葉で励まされたらきっと心強い。

　これも、「シェアハウスならではのここにしかない特別感」を演出しているもののひとつだ。家を買ったわけでもない賃貸暮らしで、プロが絵を描いてくれた部屋に暮らす。この贅沢な経験は、なかなかお金で手に入るものではない。

　また、壁紙でなく塗装にしたのには、デザイン以外に別の理由もある。将来はオーナー家族が暮らす可能性もあったため、イラストを消したくなったときは、上から塗ればいい。

　細やかなことだが、目に見える部分を上手に仕上げることは当たり前。出口までデザインすることが使命だと考えている（図3・1・9）。

住人から愛される共用部を

　「岡本が好きな大人女子」をターゲットに置いたため、彼女たちが恋い焦がれてしまうような内装を意識した。決して私のエゴではない。

図3・1・9 見せ場となる部分をデザイナーと一緒につくる

3章 企画・運営のデザイン──街に場をつくる

同じ神戸のインテリアショップを巡り、アンティークからデザイナー物まで組み合わせてデザインした。

　募集の段階で、「あぁ、私、ここに住みたい！」と思ってもらうためには、画になる見せ場が必要だ。やはり、共用部分が豊かなことが普通の賃貸と違うところなので、リビングダイニングが見せ場になる場合が多い。リビングの壁面にはストライプのようにも見える木立と、木に登ったリスを描いてもらった。単に動物を描いたらいいというわけではなくリスというのもポイントで、ウサギだと可愛すぎるし、鳥だとよくありがち。裏山を意識したちょっとだけ可愛い動物が必要だった。また、リビングの照明はドングリの形なのだが、床にペンキで線を引いた地点から見ると、リスがドングリを食べているように見える仕掛けになっている。ちなみに、物件名の「Lis Colline」のLis（リス）とかけている。

　毎日の生活に遊び心を。仕事や恋愛に悩みが尽きない大人女子だからこそ、家くらい楽しくリラックスできる場が必要だと思った。ディズニーランドで隠れミッキーを探し出した時の喜びに近いのかもしれない。毎日の暮らしが楽しくなるような仕掛けを、至る所に散りばめている。これは、お金で解決できることはなく、暮らしへの想像力があってこそできることだ。

募集
見知らぬ地ではあらゆる手段を駆使

4つの手段─地元の不動産会社、専門サイト、SNS、手づくりのチラシ

　シェアハウスの募集には、シェアハウス専門のポータルサイトへの掲載が効果的だ。なかでも、「ひつじ不動産」というサイトは、閲覧が多いのはもちろん、独自の目線で丁寧に正直取材してくれるので、前職時からお世話になっている。加えて、神戸の面白い物件を紹介して

いる「神戸R不動産」にもお願いした。よく知るエリアであれば自分で借りる人を何とか見つけたいところだが、地縁の無い神戸では、信頼できる知人に協力を仰ぐことが一番だ。一定の価値観を共有できる人たちだと分かっていたことも大きい。アウェーはアウェーなりの戦い方がある。

　他にも、自分たちで「Lis Colline」専用のFacebookページを開設し、工事の進捗や岡本のお気に入りのお店紹介などをアップした。A5サイズの募集チラシを作成し、この街の住人でもあるOさん経由で岡本のカフェに置いてもらった（図3・1・10）。ただ、お金を大幅にかけた広告は行わなかった。興味がほとんどなさそうな人に大量に配っても意味がない、少数でもターゲット層に近い所へ届けることが必要。足で稼げることなら手段を選ばず、何でもやった。

見学会の効果―別の仕事につながる機会
　Oさんは神戸市内のまちづくり界隈のキーマンでもあるので、40代くらいの知人が多く、見学会には子連れで何組も見に来てくれた。「Oさんが不動産投資をするって言って心配したけど、こういうことだったのか」という声も聞いた。

　また、私の別案件のオーナー、オーナー候補の方も関西一円から来てくださり、自身のプレゼンテーションにもなった。事実、この見学会から2件、仕事につながった。やはり、どんな人でも実際に完成したものを見るまでは半信半疑。空間体験をしたところからスタートなのだ。

苦戦した募集が実を結ぶ瞬間
　神戸では、シェアハウスが浸透しているわけではないので、問い合わせがあっても、実際に話してみると、「素敵だけど、シェア生活にな

3章　企画・運営のデザイン──街に場をつくる

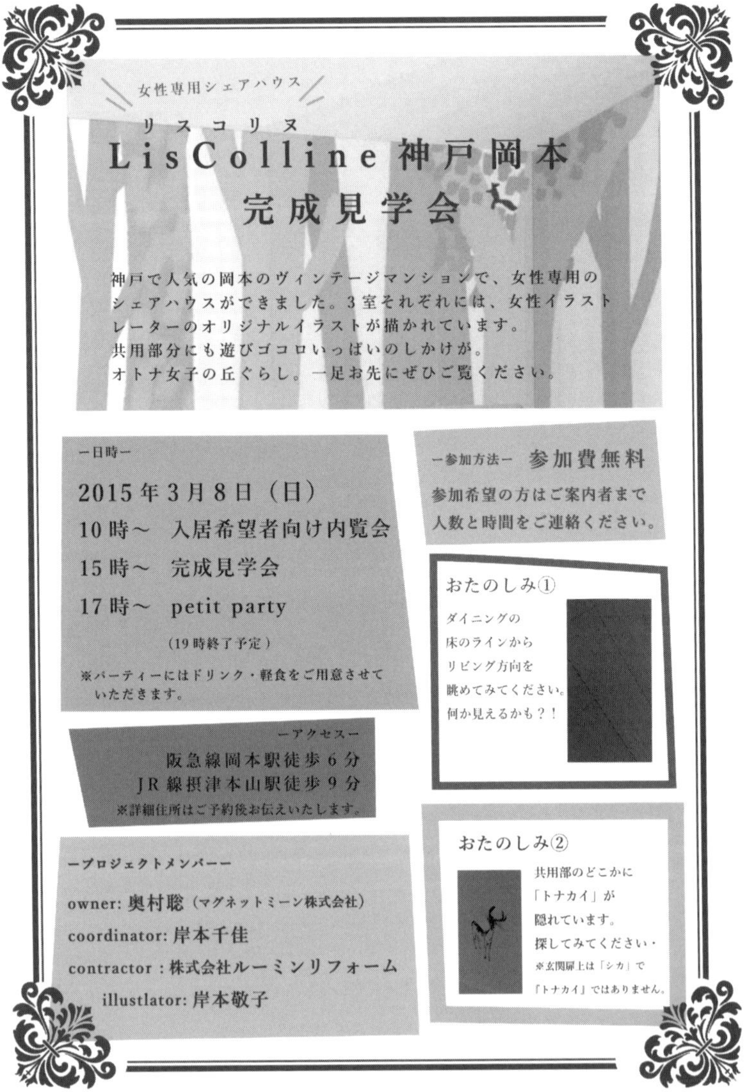

図3・1・10 自ら作成したチラシ。見学会にも遊びの要素を入れ「おたのしみ」をつくった

じめるかどうか不安がある」という理由でお断りされることが数回続いた。これが不動産プランニングの難しさだが、少し時代を先取りしすぎても難しいし、街によって必要とされている住まい方は違うので、他の街の成功事例をそのままコピーしても意味がない。「まだ早かったか……」と意気消沈していた矢先、例のひつじ不動産経由で「転職で北海道から神戸に来るので、シェアハウスに住みたい」という問い合わせがあった。

　まずは部屋をご案内し、最後にリビングでお茶を飲みながら、見学者とOさんと私とで話す。まちづくり系のお仕事をされていることもあって、Oさんと私にも興味を持ってくれた。そこで、シェアハウスの説明だけではなく、私たちなりのリノベーションの考えやこのシェアハウスをつくった経緯や想いも丁寧に話してみた。建物だけでなく私たちに関心を持ってくれた人は初めてだったので、「これはいける。というか、この人に住んでもらいたい」と確信した。Oさんも同じことを思ったようで目が合った。あまりに嬉しくなって、その帰りに、3人で岡本駅前のお好み焼き屋で話をした。数日後に、無事申し込みたいという旨の連絡があった。借り手と貸し手の思いが通じるってこういうことだよな、と私も思った。

　その後、1人目の方が1人暮らしにならないように、早くシェアメイトを見つけたいという一心で募集にも力が入った。神戸R不動産が紹介してくれた編集の仕事をしている人が2人目に入居され、3人目も英会話学校勤務の方と続いた。結果、皆さんアラサーの大人女子で、想定通り、いや想定以上に素敵な方々に入居してもらうこととなった。その3人が暮らすさまが容易に描けた。

> 管理
皆が気持ち良く暮らせる管理

　入居者が全員決まり、入居者さんとOさんと一緒に食事会をした。その時は、入居者の皆で話し合って店を選んでもらい、岡本で人気のイタリアンに決まった。美味しい食事を前に入居者さんとOさんと会話しているときが、ようやくホッとでき、嬉しい瞬間だ。

　通常、私が請ける管理は月2回ほど巡回するが、京都―神戸の距離での管理は難しく、Oさんに管理してもらった。ただ、気をつけたいことを伝授したうえで、入居後も、定期的に入居者さんとメッセージのやり取りをしている。

　大人のシェア暮らしの魅力が垣間見れるエピソードが、いくつもある。入居後半年後くらいに、こんなメールが来た。「家で少しずつ好きな風景を撮っています。夜に咲くヒマワリが一番気に入っています。ソファーに寝転がると、毎晩ヒマワリが見られるのでかなり気に入っているスポットです」。添付された写真を見ると、リビングのドングリの照明が暗くなると乱反射し、ヒマワリのような陰を落とすのだそう。空の青さに気付ける人がいるように、こんな家のささやかな変化に気付ける感性が素敵だ。つくり手の想いは、確実に住まい手に伝承する（図3・1・11）。

　他にも、お隣さんから定期的にお野菜をいただいているという報告や、時々山から降りて来る猪の対策を近所の人に教えてもらったことなど、ここでしかできない暮らしを嬉しそうに色々教えてくれる。

シェアハウスの先の暮らし
　彼女たちは、偶然退去の時期が重なり、住んだ期間は約2年だった。若い時に住むハイテンションなシェアハウスとは異なり、適度な距離

図 3・1・11 「私が一番好きな風景」と入居者が写真を送ってきてくれた。毎日暮らしているからこそ、こんなことも発見できる

で仕事や恋愛の相談をしたり、励まし合ったり、たまにはリフレッシュしに一緒に出掛けたり。長い人生の中ではたったの2年だったかもしれないが、岡本のシェアハウス生活がかけがえのない経験になっていたら嬉しい。ちなみに、1人は地元に戻るため退去し、後の2人は古民家に2人で住むことにしたそうだ。それだけ、大切な仲間ができたということが、寂しくもあり、嬉しかった。

用途も時代とともに変わっていく

シェアハウスとしての役目を終えた現在は、当初予定した通り、Oさん家族が住んでいる。ちょうど前の家の更新のタイミングが重なったとのことだ。売却も並行して考えていたので、一度査定をしてもらったら、数百万値上がりしていたそうだ。しかし、Oさんが売ることをしなかったのは、愛着があったこともきっと理由に挙げられるだろう。

建物の用途は、必ずしもずっと同じである必要はない。むしろ、時代や人によって柔軟に変えられる余地のある方が健全で、それこそ、これからの時代に必要な"軌道修正力"なのではないだろうか。用途が変わっても、誰かに必要とされ続けること。不動産プランナーとしては、それを追求していきたい。

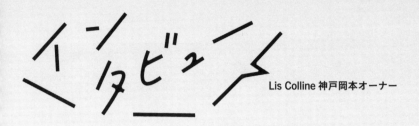

Lis Colline 神戸岡本オーナー

オーナー：奥村聡さん（㈱ひょうごエンジン代表取締役）

シェアハウスをつくるなら一択
岸本 そもそもなぜ、シェアハウスだったんですか？ 不動産投資といっても、色々なものがありますよね。
奥村 不動産で何か企画をやってみたかったんです。ただ、普通の賃貸だと、借り手の顔が見えないし、せっかくやるなら場づくりにつながるものがしたかった。元々住んでいた岡本で、という考えがあったから、「岡本で面白い場所」となると、岡本は住むための街だからゲストハウスはちょっと違うし、シェアハウスかなと。
　そう思った時に、シェアハウス、つまり人の場をつくるから、岸本さん一択でした。共通の知人のイベントで一度お会いしただけでしたが、シェアハウスをやるなら岸本さんと一緒につくりたい。そういう感じで、僕の中では決まっていました。

手を動かす信頼度
岸本 私以外にもリノベーション関係の知人は多いですし、奥村さんは数字のプロなので、ご自身でつくるという選択肢もあったじゃないですか。
奥村 ひとつには、シェアハウスという投資物件だったということはあります。マイホームだったら違ったかもしれません。本の編集者と同じで、入居対象になる人の感覚がつかめることが、絶対必要だと思うんです。若い女性の気持ちを僕が分かるわけがないし、そこは岸本さんに頼めば安心でした。
　あとは、自分では考えつかない面白いことを提案してくれそうだという期待と、着実にきちんとやる信頼感ですね。どちらか一方を持っている人は多いですが、岸本さんはどちらも兼ね備えていて、バランスが良いと感じました。
　現場感覚もきちんと持っているし、よく、プロデューサーと言っても現場にいない人もいるじゃないですか。けれど、岸本さんは、設営で神戸に寝泊まりまでして、自ら手足を動かしていて好感が持てました。ものをつくる人ってそうじゃなきゃいけないと思うんです。そうすれば、大きなミスが無いだろうし、逃げない強さが信頼できますよね。

任せる力

岸本 実際にプロジェクトを進める中で、躊躇したところなどは無かったのでしょうか。

奥村 「壁にペイントしたい」と言われたときは、さすがに大丈夫か？ と思いましたね（笑）。壁画を描くというのが、どうも空間を支配しそうで。

だけど、でき上がってみると、こんな風にまとまるのか、なるほど、岸本さんのシェアハウスたるものはこういうことか、と思いました。というのも、岸本さんが「シェアハウスは一生住む家ではないから、日常に特別感をつくる必要がある。短いけれど、人生に一度の濃い時間だ」と言っていたことが、完成したものを見て分かった気がしました。

自分より経験も知識もある人の意見を尊重する方が良いものがつくれる。投資の場合なら一層、その方が結果的に自分に良い方に返ってくる。それにはもちろん、自分よりプロだと思わせてくれる仕事をする人であることが前提ですけど。

岸本 シェアハウスをやってみて良かったことはありますか？

奥村 やっぱり思い出ですね。賃貸アパートだったら、儲ける／儲けないしか判断が無いけど、シェアハウスは人の関係性がある。月に1回くらいの巡回と、たまにご飯会で会うくらいでしたが、それでも楽しかった。次に何かするなら、もう少し下宿的な、自分の家と入居者が近いのが良いかな。

あと、オーナー目線に立てたことは、仕事にも良い影響がありました。普段は主にコンサル業だから元手が無いけど、自らリスクを追って、事をつくって実際に関わった経験は大きい。やることやったなぁとしっくりきました。

それから住まいに対する欲求が湧きあがってきたというか、良いところに住みたい欲が高まってきましたね。ここは、風の抜けがとにかく気持ち良いし、気に入っています。普通、賃貸だと分からないけれど、自分で手を入れられることの楽しさを知れた。改めて、生活環境に関われたことが良かった。きっと、良いものを体験してはじめて分かったからですね。

CASE 2 木賃アパート → シェアアトリエ

デメリットをメリットに
──線路沿いのアパートをシェアアトリエに

物　件　名	SOSAK KYOTO
時　　　期	2017年〜
所　在　地	京都市南区
規　　　模	木造2階建 236m²
施　　　主	個人オーナーH
施　　　工	㈱椎口工務店
ビジュアルデザイン	トナカイサインズ（岸本敬子）

[POINT]
相談 同業者からのおこぼれ物件
調査 京都駅周辺は京都の最後にして最大の未開拓地
企画 街・場・人の特徴を整理する
ターゲット クリエーターとは誰のことなのか
建築計画 シェアすることのメリット
収支計画 オーナーとともに責任を負う仕組み
チーム編成 建物の魅力を分かってくれる施工者
募集 見学会の代わりにマーケットを開催
運営 エリアを読めれば必ず場が回る

相談
同業者からのおこぼれ案件

　依頼は、物件所有者からではなく、同業者からくる場合もある。2017年、付き合いのあった京都の老舗の不動産会社から、「岸本さん、この物件興味ないですか？」と連絡をもらったことが始まりだった。なんでも、自社では方針が合わず話を見送るとのこと。そんなおこぼれ案件をグーグルのストリートビューで検索すると、いかにも古そうな木賃アパートが目に入る。私の心はワクワクした。紹介してくれた不動産業者の担当者も、モノ好きな同じ人種なので、きっと私なら何とかなるかも、と託してくれたのかもしれない。

調査
京都駅周辺は京都の最後にして最大の未開拓地

　まずは一度、その同業の担当者とオーナー（以降Hさん）に立ち会って、建物内を見せてもらうことにした。場所は、京都駅から西に徒歩10分。好立地だが、頻繁に歩いて通らないエリアだ。奥まった場所に物件が現れた。玄関を開けると、薄暗い廊下の片側に、風呂無しの部屋が並んでいる、これぞ昭和という典型的な風景だった。Hさんに話を聞くと、元々、Hさんのお父さんの代に建てられた物件で、幼少期には家族で離れに住み、木賃アパートには労働者家庭が多く住んでいて、とても賑やかだったそうだ。高度経済成長期以降、どんどん住み手が減っていき、ついには、一室荷物置きに使われているだけになってしまった。京都駅が徒歩圏内と抜群に良い立地であるものの、前面道路幅が狭く奥まった土地のため、駐車場にすらならず、ましてや、建て替えは難しい。空き家になってからもずっと、どうすることもできず、"お荷物"物件だったという（図3・2・1）。

図 3・2・1　京都駅から徒歩 10 分の立地にある対象物件

そんな背景をうかがいなから、Hさんが一つひとつ鍵を開けてくれる部屋を見せてもらっていたのだが、「こんな物件どうにかなりますかね」「こんな物件ですみません」と、「こんな物件」と、しきりに卑下していた。これは、Hさんに限らず多くのオーナーに共通して言える傾向だ。特に、過去に自身が住んでいたことがある人に多い。

　対して、隣を歩いている私は、俄然前向きに「そんなことないですよ！　良いじゃないですか〜」と連呼していた（図3・2・2）。

　たしかに、あまりに暗く古い物件なので、普通の人からすればマイナスに捉えたくなる気持ちも分かる。ただ、私にとっては、面白そうでしかなかった。建物は昭和の雰囲気が漂い、2000年代初めに放送された小林聡美が主演のテレビドラマ『すいか』に出てきそうな階段、今では生産が難しい葉っぱ柄の型枠ガラス、チャームポイントになりそうなものも見つけた。誰もがどうにかできそうなものより、磨けば光る原石の方がはるかに魅力的だ。

　どんなに絶望的だと思う物件でも、必ず良いところはある。それに、弱みと強みは表裏一体で、弱みと思っているところにこそ、可能性がある。人と一緒だ。物件に自信の無いオーナーに、最終的には自信を持ってもらえるまでのプロセスをつくる、オーナー自身のリノベーションもプランナーの大事な仕事なのだ。

　初回の現地調査で大切なのは、物件の魅力を具体的に伝えること。帰り際、Hさんに改めて、「この物件にだって、良いところありますよ」と伝えた。

線路沿いに建つことの利点

　そしてこの物件のもうひとつの特徴が、線路沿いに建っているということだった。それも、ターミナル駅である京都駅に近いため線路が多く、夜も貨物列車が走り24時間稼働している。音だけではない、建

図 3・2・2　初めて物件を見せてもらった時の様子。改修前の内観

物が古いので少し揺れるほどだ。この音は、普通なら建物の弱点になるが、だからといってそうそう変えられるものではない。何か利点に使えないかと考えた（図3・2・3）。

未来の計画を見据える

このエリアは、徒歩10〜20分圏内には、京都駅や水族館や梅小路公園があるものの、5分ほどのごく小さい圏内は、ぽっかり空いていて特徴が薄い。高架下などは、少しうっそうとしていて怖い。逆説的だが、特徴が薄いということを、個性が強いエリアが乱立する京都の中では利点と捉えた（図3・2・4）。

とはいえこのエリアは、京都駅の東に、2023年から京都市立芸大・銅駝高校という京都の芸術文化を支えてきた公立の芸術大学・高校が移転予定である。文化・芸術の発信地として、将来可能性が見込まれるエリアなのだ。

このエリアをもう少し俯瞰し、京都市内での立ち位置を考えてみると、「京都駅は、京都の最後にして最大の未開拓地なんじゃないか」と、仮定できそうだ。

京都はここ数年、激しく観光バブルに曝されていて、街の中心市街地は外的資本の餌食になってきた。一方、京都駅周辺は、北側こそ玄関口として成立しているけれど、それ以外は主要都市の駅前とは思えないほど手つかずのまま。それには、歴史的背景も絡み、なかなか行政も民間も手を付けられなかった苦い過去がある。

ただ、外の人からすると、そういう事情はあまり関係なかったりする。むしろ、利便性が良く自由度が高いことは、ポジティブな要素になり得るわけだ。最近では、エリアの特性を活かして、京都駅の南側では、若いクリエイティブ層をターゲットにした個性的な宿泊施設が増え始めている。

図3・2・3　線路沿いに建つことの利点を考える。決してマイナスだけではない
図3・2・4　特徴の薄い、近隣の高架下の様子。それ自体が特徴になり得る

2011年、京都駅の南側に「アンテルーム京都」という宿泊施設ができた時は、京都の人間として正直度肝を抜かれた。ホテル＋シェアハウスという構成が、観光客や学生など京都外の人をターゲットにするなら、それしかないじゃないかというほど鮮やかな解法が素晴らしく、感動すら覚えた。私が西側にSOSAK KYOTOをつくったのも、それに近い問題意識があったからだ。歴史や目に見えている事象だけでなく、未来を予測し、京都という都市の流れを読む。それを実践した。

企画
街・場・人の特徴を整理する

　オーナーを励ましたのは良いものの、さてこの条件をどう調理するか。そこで、「電車音がうるさい」という絶対的な負の条件を逆手に取って、「音を出せるシェアアトリエ」にしたらいいのでは、と考えた。考えたというより、実は物件の空間に初めて入った瞬間にそう感じた。まさに、"音がうるさい"から"音を出せる"へ、発想の転換だった（図3・2・5）。

　この解には、裏づけがあった。京都駅から徒歩10分という好立地は、正直、宿泊施設でも、住居でも、店舗でも、何でもそれなりにうまく活用する可能性があり得た。例えば住居として利用することを具体的に想定した場合、まず、電車の音がうるさい。防音工事を施し電車の音を緩和したとして、ただの普通のリフォームしたアパートにすぎない。防音工事と各室水回りの工事費で、例えば工事費を2倍費やしたとしても、アトリエの家賃より2倍高く収益が出るだろうか。それは難しい。また、住居となると、耐震性も最大限高めなければならない。

　それならば、音を出していいという価値づけをして、初期投資を抑えて最低限のリノベーションを施し、それなりの家賃を回収した方が

before

改修前の玄関まわり

改修前の居室

after

玄関扉は黄色に。色は2回塗り替えた。SOSAKの看板も
ブロック塀にコンクリートを薄く塗ってロゴを書いた

居室を作業室に。大きな机は別案件で仲介
した廃業した電気屋さんから譲り受けた

3章 企画・運営のデザイン――街に場をつくる

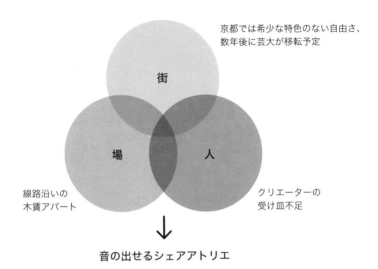

図 3・2・5　物件の条件整理

効果的だという解法に至る。

京都におけるアトリエ需要

　また、私自身、アトリエ需要を肌で感じていたのも大きかった。京都に帰ってきた5年前に出会ったクリエイティブな知人が、皆口をそろえて言うのが、「市内で十分に制作活動できる場所が無い」ことだった。それは広さだけではない。賃料との兼ね合い、そして音に気を遣うということ。

　木造密集地である京都市内中心部の盲点だった。ただ、芸術系の大学も複数あり、芸大生やクリエーターが常態的にたくさんいる。その状況で音の出せることは、希少価値が高い。彼らには、誰もが京都らしいと思い浮かべる「雰囲気の良い町家」よりも、「存分に制作ができて値段も手頃なアトリエ」が必要だったのだ。

ターゲット
クリエーターとは誰のことなのか

　そこで、クリエーターを入居者ターゲットにしたいのだが、クリエーターと言っても実に幅広い。一流有名人でそれだけでご飯を食べていける人から、大学を卒業してアルバイトをしながら制作している人、大学生。京都には、幅広いクリエイティブ層がごちゃ混ぜに存在しているところが面白い。その中で私は、若手クリエーターに焦点を当てた。家や学校では手狭で、初めてアトリエを持つような人。建物の改修費、家賃をコストパフォーマンスの良いものにしようと考えていたので、必然、ターゲット層が明確になった。クリエーターとぼんやりくくってしまうと、誰に向けて建物をつくって良いか分からない。床ひとつとっても、若手だったら合板のままでも好きにアレンジしてくれるだろう。このように、ターゲットの狭義設定により、広報も内装も変わってくる。また、映像や音楽などつくっている作品の種類で絞ることもできるが、今回、制作物は制限しなかった。「様々な種のクリエーターのプラットフォーム」になってほしかった。

職業に関わらずクリエイティブな人たち
　この案件に限らず、私のプロジェクトではクリエイティブな人をターゲットにすることが多い。そういう人たちには自発的に物事を進められる人が多いからである。大人数を相手にする物件ではなく、商品をつくる案件の特性もあるのかもしれない。それだけではない、そもそもクリエイティブな仕事をしている友人や知人に囲まれて生きているし、何よりそういう人と話すのが好きだという側面も大きい。
　「クリエイティブ」というのは、人によって定義が違う。私は、何かものをつくっている人とは考えていない。世の中の流れのまま思考停

before

一番狭い居室（改修前）

after

一番狭い区画（7.1m²）は独立したての人向けを想定した

止することなく、自発的に物事を考えられる人。だから、不動産でも、何の仕事でも、クリエイティブになり得るポテンシャルを秘めている。

クリエーターのためのプラットフォーム

　ここで毎回キーとなる物件名だが、「SOSAK KYOTO」(ソウサクキョウト) と名付けた。

　「創作」の意味ももちろんあるが、「Share − Office − Studio − Aterier − Kitchen」の頭文字でもある。これは、人によってはアトリエにもなるし、オフィスにもなるし、スタジオにもなる。キッチンもある。使う人によって変幻自在に使いこなしてほしいという意味を込めている。そうして、"京都駅発クリエーターのためのプラットフォーム「SOSAK KYOTO」"が誕生した (図3・2・6)。そして、そんな人たちが集まったら、きっと面白い化学反応が起こるに違いない。そんな思いを込めて、ロゴは化学式をモチーフにしている。ロゴやリーフレットは、岡本のシェアハウス同様、トナカイサインズの岸本敬子さんにお願いした。いろいろな創作活動ができる場であることを表現するため、

図3・2・6　SOSAK KYOTOのメインビジュアル

様々な創作のシーンを描いてもらった。音楽演奏だって可能なのだ。

建築計画
シェアすることのメリット

1人では得られない価値があること

　建物の構成は、9室のアパート、奥には一戸建てと、2棟あった。共用部分が全く無いのは、シェア型物件として成立しづらい。シェアハウスでも同じなのだが、シェアを選ぶ人が求めているのは、個室は小さくても共用部が充実していたり、自分1人では得られないものがあること。それが、物だけではなく、コミュニティというソフトまで寄与しているのが、現代に広く受け入れられている新しい価値観なのだ。そのため、広い部屋の一室を共用の作業室にし、一戸建てはそのまま共用のダイニングにした。もちろん、室数を減らすと収益は下がるが、

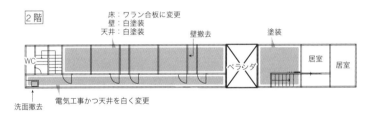
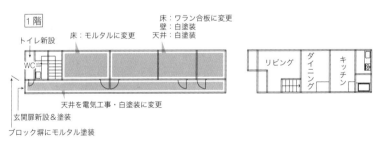

図 3・2・7　建築計画の概要

3章　企画・運営のデザイン——街に場をつくる　　137

before

改修前の水回り

1階共用ダイニングになる予定の居室（改修前）

after

元水回りエリアにはもともとアパート内にあった
ミシンを上手く配置して見せ場に

1階共用ダイニング。ワークショップで壁・天井を塗った

3章　企画・運営のデザイン——街に場をつくる

それでも共用部分の充実を優先させる方が、入居率がアップすると判断したのだ。私自身、普段はパソコンや紙の仕事で机1台があれば成り立つが、ときおり模型をつくったり板を切ったりする作業の時に大きい机がほしい。きっと、どんな業種でもクリエーターならその需要はあるだろうと考えた。そして、この部屋だけは、思う存分作業ができるよう床は土間コンクリートにした。

また、残り八室あるうちの一室を、二室分をつなげた広い部屋にした。これは、広い部屋が欲しいというニーズもあるだろうという予測と、メンバーの規模が全く同じよりも少しデコボコがあった方が、コラボレーションしやすいかなと考えたためだ。そこで、最終的には、作業室・ダイニング・屋上など魅力的な共用部分を持つ、7区画のシェアアトリエとしてスタートを切ることとなった（図3・2・7）。

収支計画
オーナーとともに責任を負う仕組み

工事費は当初のほぼ想定通りの550万円、他に企画費やデザイン費、共用の備品などをそろえ、640万円程度。家賃収益から月々の必要経費を差し引き、オーナーには月々20万円前後の収入が入ることにな

表3・2・1　SOSAK KYOTO の収支計画

A【初期投資】

施工	550万円
ヴィジュアルデザイン	30万円
家電・家具・備品	25万円
企画	30万円
広報	5万円
合計	640万円

B【月額収入】

家賃合計	22.7万円

C【月額支出】

管理委託	4.54万円
備品	0.1万円

A ÷ (B − C) = 2.94年回収
※光熱費は共益費と相殺

る。決して大きな収益事業ではないが、これまで負の遺産でしかなかったものが、こうやって一定の収益源になることは、オーナーにとって喜ばしいことだ。

　私は、企画費と管理費をHさんからいただいているのだが、話し合った結果、稼働率85％以上になったら、管理料を5％アップすることにした。Hさんも私も、入居率が上がれば上がるほど、収益を得られる。どちらも責任を負う仕組みだ（表3・2・1）。

チーム編成
建物の魅力を分かってくれる施工者

　近年増えてきた木賃アパートの規模の物件の場合、設計施工の工務店と私で、設計業務を担うことが多い。今回も同様だった。

　オーナーさえ自信が持てない、古くて手間のかかる建物。この状況を面倒と思わず、面白いと思える施工業者が必要だった。この物件を楽しんでくれそうな施工業者としてまず顔が浮かんだのが、椎口工務店だった。古い建物やクリエーターの仕事も多く受けており、アーティストから紹介を受け、一度別の木賃アパートの改修で見積もりに来てもらったことがあり（その物件の話はなくなってしまったのだが）、ピンときたのだった。それだけではない、建物が全体的に歪んでいるので、既成サッシでは間に合わず、建具は全て造作でつくってもらわなければならない。

　ひとまず、物件の現地調査に来てもらうことにした。その時椎口さんがつぶやいた一言が、「俺、これ好きっすわ」。心でガッツポーズ。建物に直接、手を施す施工者が良いと思えるかどうか。それは必ず建物に伝わるし、竣工後、借り手にも伝わる。だからこそ、誰につくってもらうかをまず初めに考えている。

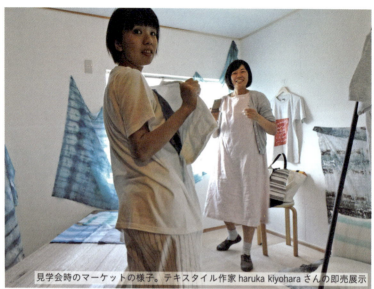
見学会時のマーケットの様子。テキスタイル作家 haruka kiyohara さんの即売展示

見学会時のマーケットの様子。別物件のオーナーや以前出演したテレビのディレクター、友人も遊びに来てくれた

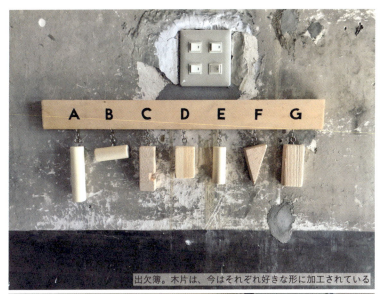

出欠簿。木片は、今はそれぞれ好きな形に加工されている

マーケットでは、Hさんからいただいた昔の写真を展示した

3章 企画・運営のデザイン——街に場をつくる

見積書の修正は 10 回以上

なにせ今回は、施工予算が 550 万円と非常に限られていた。工事したい箇所を書き出して見積もると、2 倍以上かかってしまった。そこから、椎口さんと見積もりの修正を何度も行った。現場でメールでカフェで、もう削れるところが無いねと言いながら、12 回は修正した。施工の実態は、工務店が帳尻合わせで最終的に施工費を多少被るケースが多い。だが、リノベーション物件は、工事が始まってから予想以上に費用が掛かってしまうこともしばしばある。その可能性があるため、見積もり時点では絶対に予算オーバーになることを避けている。

つくり込みすぎない空間づくり

何度も見積もりを修正してできた内装案は、木賃アパート部分は既存の良い部分は極力残し、区画内は最低限美しく整備し、様々なクリエーターを受け入れることを想定してつくった。

例えば区画内は、床はラワン合板を張っただけだ。そのままでも汚い感じはなく、フローリングを張りたい人はその上から張ってもいい。陶芸の人は、どうせ汚れるので合板のままの方が使いやすいという。壁と天井は真っ白に塗装、元々あったタイルのガス台は、部屋によって模様が異なり、ガスは使えないが、アクセントとしてそのまま置いておいた。巾木の代わりに角材を代用し、ものづくり感を演出した。

そもそも、使い手はクリエーターであることを想定しているので、使い手が自由にアレンジできる余白を残し、つくり込みすぎない空間に徹している。彼らは綺麗に完成されたものより、創作意欲が湧くものを求めているはずだから（図 3・2・8）。

個室は狭くても共用部は豊かに

区画は約 4 帖と狭めだが、その代わりに共用部を豊かにした。例え

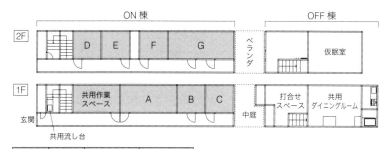

階	号室	面積（m²）	賃料
1	A	11.9	38,000
	B	7.1	32,000
	C	7.1	30,000
2	D	7.1	28,000
	E	7.1	28,000
	F	7.1	28,000
	G	16.6	43,000

共用：WiFi、給排水設備・共用トイレ（2ヶ所）、流し、作業室、休憩室、打合せスペース、ダイニングルーム、中庭テラス、駐輪スペース

※個室にエアコンはありません。

募集条件

【住　　所】京都市南区塩屋町
【交　　通】各線京都駅徒歩10分
【契約期間】定期賃貸借契約2年
【共 益 費】10,000円（水道光熱費・無線LAN込）
【礼　　金】賃料の1ヶ月分
【敷　　金】賃料の2ヶ月分
【仲介手数料】賃料の1ヶ月分（再契約時は新賃料の0.5ヶ月分）
【火災保険】要加入

図3・2・8　改修後の区画と募集条件

ば、食事やミーティングができる部屋、戸建と木質アパートをつなぐ中庭は休憩しながら電車を眺められるベランダをビュースポットとして設えた。これは、シェアハウスをつくっていた時、よく入居者さんがシェアハウスを選ぶ理由として、「個室は最低限で構わないけど共用部分は広くて可愛いのが良い」としきりに言っていたことに所以する。これが今、現代人に支持される価値観なのだ。とりわけモノをつくる人なら、集中する個室と、また、私自身、独立してはじめて事務所を持つとき、シェアオフィスを探していたこともあった。その時大事にしたポイントも共用部の豊かさだった。

扉1枚、黄色に塗り替える

　予算が無くても、やはり見せ場は必要だ。玄関扉を1枚新しくし、黄色く塗った。外壁を塗装する予算は無かったので、何か特徴付けるために、先ほどのDMと同じ黄色に塗ったのだった。実は、初めに決めた色を塗ってみるとクリーム色に近くインパクトに欠けたので、緑がかった色に塗装屋さんに塗り直してもらった。

　この扉の塗装は、建物のためだけではない、街のためでもある。ここは、車の抜け道で通る人も多い。この場所は生まれ変わったんだという、街に対する意思表示でもあるのだ。扉1枚でできる街へのアピールもある。

　また、建物が線路に沿っているため、電車からも建物が良く見える。そこで、電車から見えるようベランダにロゴの横断幕を垂らした。ここも黄色でいきたかったが、京都の屋外広告物の法律に合わず、シンプルに白黒となった。後日知人から動画が送られて来たが、単調な京都駅前の風景に彩りを添えられているようだ。

　建物内にもアクセントをいくつか設えた。元々空き家にあったシンガーミシン。使えないがクラシカルでとっても素敵だ。ミシンと古いスツール、アンティークのペンとノートを階段の踊り場に置いた。ちょうど外が眺められる窓辺で、あたかも、昔誰かが腰かけていたような風景をつくった（p.139）。

募集
見学会の代わりにマーケットを開催

4つの特徴を明示

　借りる人の想定は、若手クリエーター。若手クリエーターに届けるために、今回は、DMとWEBサイトをつくることにした。一目で特徴が分かるようパンフレットにSOSAK KYOTOの特徴をまとめた（図3・

> **作業音、演奏音、**
> **好きなだけ。**
>
> 線路の横という立地から、思う存分音を出して制作が可能です。木工、金工、陶芸、彫刻などのアトリエ利用から、楽器練習、撮影スタジオなど様々な用途に使っていただけます。
>
> **ON/OFF切り替え**
> **できる2つの棟**
>
> ON棟はアトリエやスタジオとして使える個室や共用の作業室があります。OFF棟は打ち合わせスペースやキッチン、仮眠室も完備。電車を眺めるテラスまであります。
>
> **京都駅に、**
> **第二の拠点を。**
>
> 京都駅から歩いて10分足らず。東京や海外に拠点を構えている方で、京都拠点の場としても利用いただけます。仮眠をとれる部屋もあります(予約制)。
>
> **改装自由、**
> **原状回復不要。**
>
> 各室、壁・床・天井を自由に改装可能。その上、退去時の原状回復は不要です。(事前に書面にて申請)。自分好みの空間で思う存分創作活動をしていただけます。

図 3・2・9 一目で特徴が分かるようパンフレットに特徴をまとめる

2・9)。

　金工や陶芸などのものづくりの他に、音出しとして楽器の演奏もOKとしている。芸大や京都のカフェなどにDMを配った。また、京都の玄関口京都駅からの地の利を活かし、東京や海外に拠点のある方で、京都拠点の事務所としての利用も可能性があると思い、東京のシェアオフィスなどにも置いてもらった。

　施工費だけでなく全体予算も限りがあったので、WEBサイトは自分でつくった。友人が自分の店用に何人か使っていてオススメされ、「Amebaownd」という無料で体裁良く簡単につくれるWEBサイト作成ツールを利用した。最近の若い人はFacebook離れがあるとよく聞くし、SNSは流行の移り変わりが速い。SNSだけでなく、物件専用のWEBサイトを持つことが大事だと考えている。

見学会の代わりにマーケットを開催

　建物が完成すると、建築家も不動産業者も「完成見学会」というものを行う。たいていは同業者が見に来るだけで、特段面白いものではない。私は、せっかくだし、入居希望の人も気軽に来れるマーケットを同時開催しようと思いついた。物件完成は6月中旬予定で、思いついたのは5月の初め。実はせっかくというのは言い訳で、この時点で入居者が1人も決まっていなかったのが、正直なところだった。

　マーケットをやってくれる人はいく人か顔が浮かんだが、入居者層のためのマーケットにするには、若手クリエーターである必要がある。そこで、ちょうど若手クリエーター向けの学校「世界文庫アカデミー」の講師を引き受けていたので、その生徒さんの有志に出てもらおうと考えた。世界文庫アカデミーは、「世界文庫」という西陣の古本屋を運営している古賀鈴鳴(すずなり)氏による学校で、「自分の得意なもののお店をしたい」など何かしらの夢がある人がプロの講師のもと、様々な授業を1年受けて学んでいくものだ。実践を推奨している学校なので、古賀さんにすぐさま相談し、生徒（セカアカ生）を募ってみた。準備に1ヶ月ほどしかない中、6名の生徒さんが出店してくれた。コーヒーやつくねバーガー、染めた布や靴磨きまで。出店料は要らず自分で利益をもらってもらうことにした。区画の空間を自分のお店のように工夫して使ってくれる。イマイチ使い方が分かりにくい空間が映える。それだけで、私には価値があった。見学会のチラシも、セカアカ生のデザイナーにつくってもらった。

　それだけではない。他の生徒さんはもちろん、彼女たちの友達が見ず知らずの物件見学会に来てくれれば、誰かがこの場所を借りたいというかもしれないし、長期的に見て宣伝効果があった。見学会は、マーケットを同時開催したことで、来場者100人以上の大盛況に終わった。ただの見学会では絶対こうはならない。そして何より、セカアカ

生と一緒に準備をした私が、一番楽しんでいた。そして、この日見に来てくれた方から、その場で念願の1人目の申し込みをいただいたのだった。

「お荷物だったこの物件が素敵に思えた」
　見学会では、1階廊下のピクチャーレールに、Hさんからお借りした昔の物件写真を展示した。Hさんが子どものころ玄関に立っている写真、雛祭りの写真……ここで生活していた人の姿がよみがえる。見学会には、Hさんの奥さんやお子さんも来ていただいた。
　Hさんのご両親が亡くなられた後ずっと空き家状態だったのだが、それは奥さんにとっても頭を悩ます物件だったようだ。ご夫妻には本当に感謝の言葉をたくさんいただき、その言葉の最後に奥さんから、「お荷物だったこの物件が、初めて素敵に思えた」と言っていただいた。この言葉には、空き家所有者の本音がつまっているとも思う。仕事冥利に尽きる瞬間だった。

運営
エリアを読めれば必ず場が回る

　その後も地道にWEBサイトやSNS、DM、芸大の先生の友人を捕まえるなど、できる広報活動の全てを投じた。だが、これまで同様、無駄な広告は出さなかった。
　また、内見前に何の用途に使うかをきちんとヒアリングし、コミュニケーションを図った。メールだけでも何となくどんな人か分かるが、実際に会う前のメールの段階から、募集の全ては始まっている。
　蓋を開けると、陶芸、設計事務所、金工……この辺りまでは想定内だが、ヨガ、演劇の練習、DJ音楽制作など様々な創作活動の問い合わせがあった。ドラムの練習のように、さすがに他の区画に迷惑がかか

るものはお断りするものもある。このあたりは自身が楽器経験をしている故、音の大きさの感覚があって助かった点だ。実際に入居したのは、フェルト作家・設計士・陶芸作家・帽子作家・ウクレレ奏者・英会話教室・NPO事務所。ここでなければ各々出会わなかったであろう実にバリエーション豊かな創作メンバーに恵まれた。

建物を人として扱う

入居は2017年8月から、はじめの2名が入居することになった。その前日、私は物件に行き窓ガラスを拭いていた。どんな物件も、最初の入居者に引き渡す前に、自ら全建物内を掃除することにしている。建物に「これまでありがとう。良い人見つかって良かったね」と心で声かけをしながら磨く。愛着を持って育てた空間を、次の誰かにバトンパスする。それは少し寂しくもある儀式だ。

建物を人として扱う姿勢は、企画の段階から必要なことだ。この建物はどんな人に使われるのを待っているか、建物の声に耳を傾ける。建物に愛着を持つという次元を超え、人として扱ってみる。

顔合わせ会

入居者が一旦揃ったら必ず、顔合わせ会を行っている。共用部分がある物件であればどの物件でもだ。皆、私を介し入居しているので、他の入居者が誰か知らない。隣の住人が誰か分からないと不安なのと同じように、なかなか偶然出くわしても声をかけづらかったりするものなので、お酒と軽食を用意し、自己紹介に始まり懇親する。前半には、こちらで作成した入居者規約でなかなか難しい部分や、建物の設備の問題など、少し使ってみて分かってきた問題を洗い出す。

例えば、規約では、最後の人が見回って電気を消すルールにしていたが、いるのかいないのか分からないという話があった。そこで、い

る人は自分の好きな木片を掛ける出欠簿を入り口につくった。帰る際は取る。たったそれだけのルールで、皆が変に気を使わなくて済む。

　設備の向上など予算の都合上難しいこともあるが、ここで上がった議題を解決することが、今後のスムーズな運営につながるので、この会は私の中でマストである。そしてなにより、入ってほしいと思って入居してくれた人同士が楽しく話している姿に、仕事の醍醐味を感じる。

投資回収も順調

　結果的には10ヶ月で満室になり、オーナーは3年以内に初期投資が回収できるというコストパフォーマンスの高い物件に変貌を遂げた。現在、オープンし1年半が経過しているが、稼働率は常に85％以上をキープしている。たとえ素晴らしく素敵な作品をつくったとしても、それだけでは活用する意味がない。事業として経営が成り立ってはじめてオーナーは喜ぶ。そこでようやく自分も喜べるということを、私は大事にしている。だから、パーティーでようやくホッとするのである。

　SOSAK KYOTOは、エリアの歴史だけでなく、現在の特性、近未来の計画と、エリアの過去・現在・未来をきちんと解釈したうえで企画に落とし込んだ。それも、調べものだけではなく、実際にエリアをくまなく歩いて得た情報感覚が多い。そして、この一見無駄ともいえる時間をかけたエリア調査が、場を回す一番の原動力になっていると実感したプロジェクトだった。

シェア別荘

　消費の時代から共有の時代へとシフトした近年、人々の暮らし方はより自由になった。シェアハウスやコーポラティブハウスといった、他人と共用部を持って暮らす住まい方。あるいは、二拠点生活といった2つの居場所を行き来する暮らし方。住まいというとなんだか、場所や時間、お金に縛られがちだが、自由度が高くなった時代に生きられることは、不動産プランナーとしてはありがたい。

　さて、活動の拠点である京都で、必要とされる新しい暮らし方を考えてみたとき、「シェア別荘」という構想が浮かんだ。2011年の東日本大震災を経験しているからか、2013年ごろからあたためている。

　今の京都は、観光客で溢れかえり、都市の余白がなくなってきている。本来の京都の魅力は余白にあるはずで、それを求めて皆はるばる京都を訪れるのに、人が増えることで、町家は宿泊施設に塗り替えられ、寺社仏閣の敷地内にまでマンションが建ち、結局余白が無くなるという矛盾に陥っている。消費された街は、まさに狂乱の配。地元の京都の人も、感度の良い観光客も、しばしば仕事で訪れる人も、私の周りは今の京都にガッカリしている人ばかりだ。

　そして、私自身二拠点生活を始めていて実感することだが、二拠点になるとどちらにいるか分からないため、飲み会に誘われる機会が極端に少なくなる。忙し

いのでたくさん飲みたいわけではないが、密な人間関係が京都の良さのひとつなのに、高感度な人との付き合いも減ってきてしまう。
　そこで、ここだけは本来の京都の良さを感じられる聖域、それをシェア別荘という形で表現できないだろうか。
　二拠点目が京都に必要な人の属性は、編集者などの出版、デザイン、建築、芸術関係者が目立つ。大学も多いため、非常勤などで定期的に通う人も見られる。彼らが、同じ空間でたまに飲んだり話したりすることで、新しいプロジェクトが生まれたりする可能性がある。また、彼らは、机を自由に拡げられて集中できる仕事環境を求めている。混みあった狭い机のチェーン系コーヒーショップで長時間作業するのは厳しい。そこで、シェア別荘では、基本的には区画を割って借りてもらい、共用部には大きな机で仕事をしたりディスカッションしたりできる。大きなキッチンなどがあり、錦市場で食材を買って、自分で調理して食べてもいい。できれば、落ち着きがあり、より京都を感じられる町家が望ましい。セルフ版オーヴェルジュのような、空間と体験は素敵だけど、お客様でもてなされるわけではなく、何もない余白がそこにはある。食・働・遊の重層性と多元性のある、これまで皆が惹かれてきた京都に、改めてなれるかもしれない。

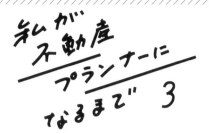

東京での会社員時代

シェアハウス

　私が入社した2009年頃、シェアハウスは東京でも創成期で、設備が綺麗で個室も整えている事業者は数社だった。シェアハウスに住む人はプラスアルファの楽しみを見出したい人が多いと思われがちだが、実際は、現実的な心配を解決する手段として選ばれることが多い。「同じ価格の賃貸物件と比較して、キッチンやお風呂が広い」「オートロックなど防犯性が高い」「会社や習い事とアクセスの良いところが良い」など。特に女性は、現実的に住まいを考える。私自身、都心で女性が生きやすくなる場をつくることにやりがいを感じた。

　私がこの会社に在籍していた4年8ヶ月の間に、手がけるシェアハウスは40棟に、社員も2桁に増えた。オーナーや建築事務所など様々な事業者が増え、シェアハウスのレパートリーが増えた。それはもちろん需要があったから。約5年間で、所有よりシェアの時代、食事も車も、住まいもシェアしようという価値観が広まったのだろう。

DIY

　シェアハウスとは別にもうひとつ、精力的に取り組んだのが、DIY賃貸事業の立ち上げだった。社内で管理を委託され、募集に苦労している物件があった。築25年、駅から徒歩20分、不動産屋的には条件の悪いアパートだ。家賃を下げるしかないのだが、オーナーは家賃をできるだけ下げずに、バリューアップしたいとのこと。

　私は事務所でその話を聞きつけ、「改装できる物件として貸し出しませんか？」と休日にオーナーに提案しに行った。私自身が当時住んでいた団地をDIYしていた様子や、改装している友人の部屋の写真を見せて、需要があることを知ってもらった。

物件のある場所は西荻窪。アンティーク通りや善福寺公園があり、吉祥寺も徒歩圏内、小さな飲み屋がたくさんある。DIY をしたい人の肌感に合った街だ。

　実際、募集後 2 週間で 2 室とも成約、他の部屋も空室のたびに DIY 物件として募集した。退社時の 2015 年までには全 13 室中 7 室の過半数まで DIY できる部屋は増えた。狙い通り、入居者同士で休日に、骨董通りでパーツを買いに行っている。今でもほとんどの住人が住んでくれていて、東京に行く際は一緒に飲みに行く仲にもなった。

　6 年間彼女たちを見てきて、DIY を入り口に、暮らしを自らつくりだすことを楽しむ、それが街を使い込むことにつながるんだと、実証されたように思えて、嬉しかった。

違和感

　シェアハウスや DIY 賃貸事業を会社員の立場で続け、それなりに給与をもらっていたし、順風満帆だった。独立願望があったわけでもない。それでも、働き始めて数年が経つと、「あれ、これって私じゃなくてもいい仕事だな」と違和感が出てきた。

　私が身を置くリノベーションの業界は比較的新しく、40 〜 50 代が第一線で活躍する。いつしか、会社の枠を超えて同業の仲間と付き合うようになると、東京に自分の存在価値はたいして無いと気づいてしまったのだ。

　大枠で考えていることは同じなら、東京では彼らが良いものを残してくれるだろう。私が東京に居て世の中や自分にとって良いことがあるのか。

　そう悲観的になっていた時、「京都だったら、圧倒的にプレーヤーが少ない、もしかしたら需要があるかもしれない、そして何と言っても、扱う素材（建物）が魅力的」、そんな仮説を立てると、京都に帰ることが必然に思えてならなかった。

4章

不動産プロジェクトのデザイン
―― 街に暮らしと商いを生む

　本章は、不動産プランナーの応用編だ。ひとつの建物に最適解を見出そうとすると、街の抱える課題に応え、良い影響を持つ建物にする方法を考えざるを得なくなってきた。そうなると建物の企画はもちろん、街の質的・数的調査、ヒアリング、中長期の街の未来予想図などを計画する必要がある。どこの街でも、人がイキイキと暮らし働く場であることが、健康な街なのではないかと思う。そんな街をつくるために、不動産プロジェクトは有効な手段であるといえよう。

CASE 1

町家＋建具工場 → 小商い複合施設

小商いを生む
街づくりの始まり

物 件 名	中宇治 yorin
時 期	2015 〜 2017 年
所 在 地	京都府宇治市
規 模	木造 2 階建 202m²
設 計	一級建築士事務所 expo
施 工	廣瀬設備
施 主	宇治観光まちづくり㈱
ヴィジュアルデザイン	トナカイサインズ（岸本敬子）
WEB サイト制作	岡本彩

[POINT]
相談 空き家を買ったオーナーからのメール
調査 住む人の行き場が無い観光地
企画 エリアの 5 ヶ年計画を立てる
収支計画 若手が出店しやすい条件設定
建築計画 設計者の選定
デザイン コミュニケーションに必要な 3 つのデザイン
募集 現場見学会と審査戦略
運営 順調な 3 つの小商い
街への伝播 3 年足らずで界隈に店舗増

相談
空き家を買ったオーナーからのメール

　私のもとに来る相談は、実に多様だ。そう来たか！　というような想定外の相談もざらにある。「○○をつくってほしい」と用途がはっきり決まっているものより、「この空き家を何とか活用したい。こういう想いを汲み取ってほしい」というような相談が多い。相談の連絡も、突然SNSで来たり、事務所宛にお手紙が届いたりと様々である。

　2015年秋、今回も、突然1本のメールが来たのが始まりだった。「（購入した物件を）若い人の実験的な出店と地域の人たちの交流拠点にしたい。うまくいけば、ここを拠点として、このエリアの空き家再生へとつなげていきたい」。

図4・1・1　宇治川から見える風景は、昔から人の心を打つ

4章　不動産プロジェクトのデザイン――街に暮らしと商いを生む

舞台は宇治。そのなかでも、宇治と言えば誰もが想像する、平等院近くの物件だった（図4・1・1）。実は、私の実家も宇治で、この辺りは高校の時の通学路だった。それも何かの縁、宇治のために何か貢献できるタイミングがあればと常々思っていた私には、絶好の機会に思えた。

調査
住む人の行き場が無い観光地

　対象の建物は、道路側に木造の町家、奥に鉄骨造の建具工場として使われていた2階建ての建物。前入居者が退去してから、10年ほど空き家だった。中は残置物が出され住んでいた跡形もなく、外壁は危うく剥がれそうな状態だった。

　話を聞くと、オーナーは地元の方で、長らく空き家だったこの物件を取得し、活用するためのまちづくり会社をつくる予定でいた。ただし、具体の用途は決まっておらず、使い方も含めて相談依頼があった。

　この物件の立地は、市民の生活のメインストリートである商店街沿いではないものの、商店街からギリギリ見える絶妙な距離にある。物件奥には古くからの町家、路地や水路など、良い風景の残る、いわば結節点のようなエリアだった（図4・1・2、3）。これがもし商店街の通り沿いにあったら、家賃が高止まりしていたり、商店街のイメージも強く影響するため、計画は難航したかもしれない。

　この商店街や物件を含む、京阪宇治駅とJR宇治駅の間、平等院に近い旧市街地の三角地帯を、「中宇治」と呼ぶ。中宇治には茶業に関わる職が多く、古くからお商売をしている地元の方で成り立っている。なかなか、よそ者が入りづらいコミュニティだ。サラリーマン家庭で育った私にとって、ここ中宇治は近いようで遠い存在だった。

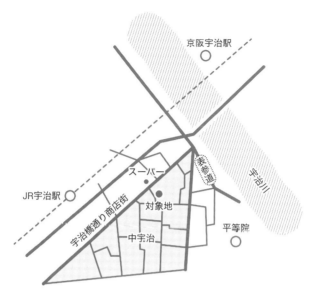

図 4・1・2 中宇治の位置
図 4・1・3 古い町並みの残る中宇治のエリア

4章 不動産プロジェクトのデザイン――街に暮らしと商いを生む

観光地特有の問題

　まずは、中宇治エリアの現状を時間や曜日を変えて歩いて調査してみた。宇治と言えば、「お茶」「平等院」を思い浮かべる人が多いだろう。そのイメージ通り、平等院の表参道は、観光客向けのお茶関連のお店ばかりだ。目に入るものは、お茶・お茶・お茶。茶葉の小売店やお土産屋、飲食店など、お茶以外の要素が少ない。広告物は、宇治のゆるキャラや宇治を舞台にしたアニメの広告が目立つ。

　統計データによると、観光客の平均滞在時間は3時間。つまり、平等院を巡って参道で買い物をして終わりという時間なので、街にお金が落ちていないことが分かる。また、宇治で観光しても宿泊は京都が8割、観光客の帰った夜は閑散としている。観光地として地名度も高く、観光客も多く順風満帆なように見えるが、街としては課題も抱えている。

　中宇治は観光地でもあるが住宅地でもある。住居が多いにも関わらず、地元の人がゆっくりできる場所、つまりお茶をしたり、美味しいものを夜ゆっくり食べられる店が全くと言っていいほど無かった。はたして、地元の人が毎日茶そばを食べるだろうか。観光客に媚びた街となってしまっていた（図4・1・4）。

図4・1・4　平等院の表参道（左）と宇治橋通り商店街（右）

また、移住者の視点でも見てみた。京都移住計画で知り合った京都への移住希望者にヒアリングしてみると、「京都市内とさほど変わらない、むしろ雅でイメージが良い」「嵐山のような感じ」「その分住むには敷居が高い」といった意見があった。実際は、大阪・奈良方面へのアクセスも良く、京都市内に比べ家賃は安い。一方、京都市内に住んでいる人からすると、やや都落ち感が否めず、わざわざ京都市から宇治市に引っ越す人は少ない。テナント賃料は京都市内に比べ、小商いの最低面積10坪の賃料は2～3万円ほど安い。

　そこで、この街が狙うべき小商いは、30・40代の、地元宇治の人か移住者と考えられるだろう。利用者は大人の女性がメインで、地元の子どもから年配まで愛されることが望ましい。結果的に宇治のお土産になる物を売る可能性はあるかもしれないが、お土産がメインではなく、暮らしに密着した、ある程度客単価の高い高品質なもの。それが、この建物が狙うべき小商いであり、この街に必要な小商いでもある（図4・1・5）。

　今は、一見街が潤っているように思うが、長期的に見て、このままで良いのかというと未来が見えない。そう考えるのはオーナーだけではなかった。オーナーと共感する商店街の会長やまちづくりが専門の大学教授などで構成されるプロジェクトメンバーでチームをつくった。私以外の皆さんは、中宇治の住人でもある。そのチームでこの物件に合った使い方は何か、何度も話し合った（図4・1・6）。

　話し合って行きついたのは、中宇治エリアの全体構想のコンセプトともいえる、「空き家活用×小商いの創出＝コミュニティ再生」だった。裏コンセプトは「脱観光・脱お茶」。結果的にお茶・お土産になるような商品を売ったとしても、それを目的としないこと。また、チームはこのコンセプトに沿って、小商いを選出し、サポートすることとした。

ターゲット層調査

観光視点 ●良点 ◎課題

宇治で最も観光で栄えるエリアである。
平等院修繕中は観光客数が減ったが、2014年修繕以降回復しつつある。

【H24年宇治市観光動向調査の読み取り】
- 国内の観光客は60代、関西近郊から、1〜2名での観光が多い
- 外国人観光客は30代、台湾が4割
- 主な目的は平等院
- 宇治で観光しても8割は京都市内に宿泊
- 滞在時間は平均で3時間半と短い
- 8割が初めてでリピーターが少ない
 （⇔京都は5回以上）

【フィールドワークの私見】
- ゆるキャラ・アニメに頼る打ち出し
- 18時以降非常に閑散としている
◎「お茶」以外の要素がない
◎「通いたくなる」要素がない

- 京都に観光に来ても宇治に行かない理由
 →宇治をよく知らない
 →情報が少ない
- 飲食店も外国人観光客に対する対応はほとんど行っていない。
- 伏見・奈良とセットで来る

移住者視点

【移住者から見た宇治】（ヒアリング含む）
- 京都市内とさほど変わらない、逆に敷居が高いイメージ
 （⇔京都市内在住者の宇治のイメージ）
- 大阪からのアクセスが良い
- 住居の家賃は安い

【京都の移住希望者（小商い予定）の特徴】
- 30代が8割、次いで20代、40代
- 女性がほとんど。もしくは夫婦で妻が誘導
- 長年計画的に移住を考えている
 （資金をためている）
- 東京と同じ暮らしでは意味がない、収入＜生活の豊かさを求めている

【宇治の賃料相場】
住居（賃貸）
- 1名入居 4〜6万円/月（⇔京都市内5〜7.5万円）
- 2名入居 6〜8万円/月（⇔京都市内8〜10万円）
テナント
- 10坪 6〜9万円/月（⇔京都市内8〜12万円）
 （坪単価65.5万円）

【テナントの現状】
- 「茶」以外の売り出しが見えない
◎何度も足を運びたくなる店がない
◎泊まりたくなる宿泊施設がない
◎地元の人（特に20〜30代）が楽しめる店が少ない
◎夜営業している店が少ない
- この2〜3年で若い人が営むいい感じの店は少しでき始めた

狙うべきターゲット層

【小商い事業者】
- 30代・40代
- 女性単身もしくは夫婦
- 落ち着いた環境で自分の店を持ちたい人
- 素材へのこだわり

【施設利用者】
- 30〜60代
- 女性もしくは家族
- 生活にこだわりがある
- 単価はある程度高め

図4・1・5　ターゲット層の調査

中宇治まちづくり全体構想

現　状

中宇治まちづくり構想は、宇治中心地の空き家を活用し、その空間を活力ある空間にリノベーションすることを使命とする。また、特定の観光資源に頼った宇治の現状から脱却し、従来からある宇治の資源の掘り起こしと新しいまちのコンテンツを創出し、宇治中心地のまちをリノベーションしようとするプロジェクトである。

コンセプト

空き家活用×小商いの創出
＝賑わい復活・コミュニティ再生

裏テーマ：脱観光・脱お茶

近年、宇治中心部には空き家が目立つ。なかには趣があり残す価値のある空き家が多く存在する。一方で、京都では小さく商売をする若手（小商い）層が多いものの彼らの求める適度な物件が無い状況である。
その2つの問題を解決しながら、小商いをサポートし主体的にまちに関わってもらうことで宇治中心部に賑わいをもたらす。

面的な活用へ

取得可能な空き家から始め、まちに必要とされるコンテンツを入れていく。
事業者主体に走りすぎることなく、小商いの創出を図る。
　↓
まちに数件、小商いができることで、少しずつ変化をもたらしていく。
　↓
自発的に小商いが増えていく。
　↓
まち全体の魅力向上につながる。

図4・1・6　中宇治まちづくり全体構想

企画
エリアの5ヶ年計画を立てる

　依頼のメッセージに、「ここを拠点として、このエリアの空き家再生へとつなげていきたい」とあったように、このプロジェクトはひとつの建物単体のリノベーションではなく、このエリア全体のリノベーションの1棟目という位置づけだった。そこで、メンバーにまず私が提案したのが、5ヶ年計画だった。先ほどの統計の通り、宇治には宿泊施設が少なく、8割が京都市内に戻って宿泊するという結果が出てい

4章　不動産プロジェクトのデザイン――街に暮らしと商いを生む

たので、宿泊施設に活用する案もあった。ただ、今の宇治の状況で泊まりたいと思えるだろうか。夜楽しめる場所も無いのに。

そこで、1年目は「訪れたくなる店」をつくり、2年目に「通いたくなるエリア」、3年目にやっと「泊まりたくなる場所」を掲げた。1年目は、まずはこのひとつ目の物件を何とか活用し、小商いを軌道に乗せる。2年目は隣や向かいの物件に着手し、点でなく線で魅力を伝える。3年目には宿泊施設をつくり、滞在時間を増やす。そうして物件が複数でき、面で魅力が増すと、きっと他の所有者からも相談がある（4年目）。5年が経つ頃には、私たちを経由しなくても契約が成立し、自発的に小商いが増えてくる。コンテンツが増えてきたら、大人女子向けのマップ付小冊子をつくろう。本当に5年でここまでいけたら素晴らしいことだが、たとえ時間がかかったとしても、皆が共有できる道筋があるのと無いのとでは大きく違う。成熟した街になるには、一足飛びではなく、その街ごとのプロセスがあると思っている（図4・1・7）。

木造の町家、奥に鉄骨造の建具工場として使われていた2階建ての建物。京都市内の有名店を誘致し丸ごと借りてもらう、という案もあったが、テナントを誘致し一時的な賑わいが起こっても、あまり意味がないと考えた。長い歴史のある街だからこそ、長く若い人が活躍で

1 物件 ⇒	裏通り ⇒	宇治橋通り商店街界隈 ⇒		中宇治全体
初年度	2年度	3年度	4年度	5年度
行きたくなる店	通いたくなるエリア	泊まりたくなる場所	相談所として機能	まちに拡がる
・チーム編成 [物件の動き] 中宇治 Yorin/ 小商い＋ イベントスペース	・通りを挟んだ 連続性 [物件の動き] 中宇治 Yorin を 踏まえて 必要な 機能を補う	・面での魅力 [物件の動き] 宿泊施設をつくる 複数の物件ができる	・メンバーが空き家 相談所的に機能す る [物件の動き] エリア内の他物件も 活用され始める	・マップ付小冊子を つくる ・行政も放っておけ ない勢いになる

図4・1・7　5ヶ年計画

きるために、初めはしんどくても、このチームがリスクを取らなければいけないと思っていたからだ。使われ方についても、何度も話し合い、この建物は、「地元の人に長く愛される場所」として、「大人の女性が通う場所」をつくろうと決めた。

その思いを具現化するために、4つのスペースに区分けし、3区画をテナント、1区画をイベントスペースとすることにした。もともと構造的につながっていた木造の町家と鉄骨造の工場を、耐震性と採光を確保するために切り離した上で、これから事業を始めるために必要となる適切な面積を割り出して、区画を決定した。

ただ、テナントではなく、「小商い」と呼び、イベントスペースを「yoriai (寄り合い)」と呼ぶ。全体を「小商い複合施設」と称している。「小さくても自分で商売をする」という意味で、何かこの言葉に反応してくれる人に応募してもらいたいという意図があった（図4・1・8）。

小商い3室＋イベントスペースの配置

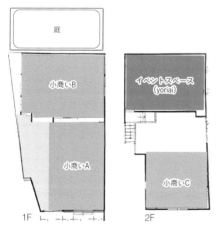

小商い

3区画設け、小商いが借りやすい価格帯に設定。3区画のバランスを保ちつつ、ひとつは飲食店必須、物販もあってもよい。

イベントスペース

素敵な空間 yoriai で地元のカルチャー教室のように使ったり、料理教室などができるようにする。小商い希望者も含めてワークショップを行い、共用部分（セミナー貸しも含め）の仕組みはアイディアを出し合うのもひとつ。

図4・1・8　提案したラフプランのうち採用となったもの

ちなみに、どのプロジェクトでも企画段階では、代替案を必ず2〜3案は準備するようにしている。比較する案がないと、ひとつだけではそれが良い案だと結論づけるのが難しいからだ。今回では、もっと細かく区画を割った案も作成したが、ターゲット層の小商いがつきやすい面積が30〜50m²前後であることから、図4・1・8のプランでいくという結論となった。

収支計画
若手が出店しやすい条件設定

家賃

　募集はできるだけ早い方が入居者候補にアプローチできる可能性が高まる。そのためには、募集する条件を早く決める必要がある。賃料については、近隣の商店街沿いの家賃が高く、若い人が出店できないという懸念があった。オーナーやプロジェクトメンバーと相談し、家賃は最初の2年を安くし、3年目から適正金額にすることにした。最初から高いと、結局、商店街と同じように、大手しか借りられなくなってしまう。その状況を打開したいという意思のもとはじまっているからだ（図4・1・9）。

工事費の負担

　もうひとつ、入居者のメリットは、工事前に募集するため、区画の間仕切りやガスの位置などといった工事を自分の都合で合わせられる点だ。通常、完成済みの物件に行くと、キッチンの位置が既に決まっているので変更は難しい。向きが逆だったらいいのに……ということがよくある。また、その工事費用は貸主負担であるが、貸主にとっても、無駄な工事をするよりこの方が効率が良い。契約期間を2年とし、最低でも2年は営業してほしいという意図も背景にある。

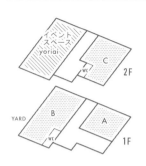

【 小商いA 】1F
面積23.29m² (7坪)
賃料35,000円／月 (3年目以降50,000円)
通りに面しています。物販向き。

【 小商いB 】1F
面積45.79m² (13.4坪)
賃料45,000円／月 (3年目以降60,000円)
広い専用庭を利用できます。飲食向き。

契約期間 ：定期賃貸借契約2年 (以降3年)
共益費　 ：7,000円 (共用部光熱費等)
　　　　　※店舗内光熱費等は各自負担
礼金　　 ：賃料の1ヶ月分
保証金　 ：賃料の1ヶ月分
仲介手数料：賃料の1ヶ月分
火災保険 ：要加入
共用設備 ：インターネット環境、トイレ
個室設備 ：給排水設備・エアコン配管

【 小商いC 】2F
面積28.97m² (8.7坪)
賃料35,000円／月 (3年目以降50,000円)
工場の雰囲気が漂います。
理容美容や物販向き。

図4・1・9　賃貸条件

昼の飲食店

他に審査側で決めていたのは、3つのうちひとつは昼営業してくれる飲食店を入れることだった。多様な人が最も入りやすいのは飲食店、そして口コミで広まり、人が固定でなく常時出入りするのも飲食店だからだ。昼営業に限ったのは、まだまだ宇治には夜の外食文化が育っていないためだ。

建築計画
設計者の選定

ここで、一緒に空間をつくってくれる人を探す。ここまでのオーナーやメンバーの想いをすぐ理解してくれて、同じ目的を共有できる人であることが必要だ。私はこれを「共犯者探し」と呼んでいる。関与

改修前の中宇治 yorin。10年ほど空き家状態だった

改修前の町家。住宅部分を撤去した状態

after

改修後の中宇治 yorin。美味しい焼き菓子の匂いがして、思わず覗きたくなる

1階奥まで抜ける通路スペース。右手がタルトの店、最奥がフレンチビストロ

4章　不動産プロジェクトのデザイン──街に暮らしと商いを生む

したからには最後までともに闘ってもらう。そんな気持ちだ。

　また、木造と鉄骨造に構造がまたがっており、大幅なリノベーションを施すため、設計者を入れることは決まっていた。誰に設計してもらうのが良いだろう。知人・友人だからなどの理由では決して選ばない。印象的な店舗が得意、住みやすいファミリー向けの住宅が得意、ゆったりとした語りで高齢のオーナーの心を掴むことが得意など、設計士の得意分野やオーナーとの相性で選んでいる。特に京都は建築系大学が多いからか、個人規模の建築士は人口に比して多い。いろんなところで知り合いができれば、オープンハウスに行ってみたり、飲み会で話してみたりして、どんな考えの持ち主か、どんなものをつくるのか、インプットしておく。

店舗設計者の選択

　そうやってたくさんの建築士の知人ができたが、今回は、一級建築士事務所 expo（エキスポ）に依頼することにした。なぜ expo だったかというと、京都市内で、知人の間でのお気に入りの店に expo の設計のものが多かったこと。それらは、飲食店でも 10 年以上と長く地元の人に人気の店ばかり。かつ、同じ人が設計したとは思えないくらい、店主に寄り添った店舗づくりをされていたからだ。そう、この場所は、「地元の人に長く愛される場所」にする命題があった。この人たちにならきっとそういう場をつくってもらえる！　と expo の皆さんの顔が浮かんだ。また、プロジェクトメンバーは 50 代が中心で、私が 30 歳。やや世代が離れていることが懸念でもあったので、その間の世代である expo に入ってもらえるとバランスが良い点もポイントだった。

　そこで、メンバーに打診してみると、なんだかざわざわ。「expo さんってどこかで聞いたことあるな」「あそこのカフェを設計した人か！」。なんと、数年前まで素敵で伝説的なカフェが中宇治にあった

そうで、expoさんがそこを設計していたのだった！　メンバー一同、お気に入りのカフェだったそうで、満場一致でOK、すぐにexpoさんに連絡を取った。京都市と宇治市でも、景観条例など法律は異なるわけで、宇治市で（しかも近い場所で）経験がある方なら、工事の面でもなおさら心強い。

施工上のポイント

　工務店は、オーナーが付き合いのある城陽市の廣瀬設備に依頼された。リノベーションの工事は、始めてみないと分からないことが多分にある。「天井を取ってみたら、思っていたより補費がかかる」ということがあるので、予備費を多めにとっておかなければならない。図面通りに行かないところは、設計のexpoと施工の広瀬工務店が、現場判断をしながらつくっていく。

　今回の建築工事の懸念としては、まず手前の木造と奥の鉄骨造がくっついて建っている点だった。構造家に見てもらったところ、木造と鉄骨造の構造を切り離す必要があった。構造のつながっていた部分は、expoの提案で吹き抜けにし、1階部分には天窓から光が注ぐ休憩スペースになった。工事中、ここを「中庭」と呼んでいた。実際は室内だが中庭のように、穏やかな場となった。現在、椅子とテーブルを置いて、小商い店舗のイートインスペースや待ち席、店に用事が無くても立ち寄った人の休憩スペースとして機能している。入り口（明）〜通路（暗）〜吹き抜け（明）〜店舗B（暗）〜テラス（明）と次々と変化するシークエンスの工夫が、訪れる人を飽きさせない。鰻の寝床で暗かった建物の懸念点が利点に変貌した（図4・1・10〜13）。

　つながっている木造部分の床はボロボロだったが、減築し、元の適正な状態に戻した。また、空間の広がりを重視し、できるだけ壁を増やさないように、鉄骨のロの字のフレームや、木造の耐力壁で補強し

before

1階通りに面したスペース

1階最奥のスペース（改修前）

after

1階の路面店、焼菓子・タルトの店「ホホエミカ」

1階最奥のスペースにできたフレンチビストロ「vitte de with」

4章 不動産プロジェクトのデザイン――街に暮らしと商いを生む

た。柱の足元も、古くて使えないところは継いでいる。

　町家と建具工場の2階の高さが元々合っていなかったので、そのレベルを合わせるために一段階段をつけることになった。それをどこにつけるかを協議し、イベントスペース yoriai の入り口につけた。

　ロフト部分と階段部分はトップライトになっている。屋根の勾配も、45度と急で、木造と鉄骨のなだらかな屋根勾配の間に良いアクセントになっている。これも施設内を回遊して楽しいポイントだ。トップライトは山が映り込み、天気が良い日に天窓を見上げると、逆さ富士ならぬ逆さ山が見える。そして、トップライトをかけたことで、雨仕舞も良くなった。

先に入居者が決まっていたことで設計・施工もスムーズに

　区画内の設計者は、expo でも外部の人でもいいと入居する小商いに伝えたのだが、入居者全員が expo に依頼された。その結果、それぞれの小商いのリクエストに応えて話し合って設計してもらっているので、デザインは違うけれど、どこか統一感のある空間をつくってもらえた。

　区画ごとに建物が元々持っている特徴もある。A区画は、元の町家の意匠が最も多く残っている。そのため、改修時も土や木、煉瓦といった自然素材をふんだんに使った。吹き抜けの中庭部分は、木を塗装し、自然素材を少しだけ加工。その奥のB区画は、鉄やモルタルといった現代の素材を使用した。

　それらの区画に横軸をさすように、オーダーの木製家具を、カウンターやテーブルなど各区画のどこかに使っている。これは、expo と仕事場を共有されている家具工房 ienogu のオーダーでつくってもらった。

　この仕事は、設計・施工前にテナントの小商いが既に決まっていたため、やりやすかったと言う。誰のためのものか、あらかじめ決まっ

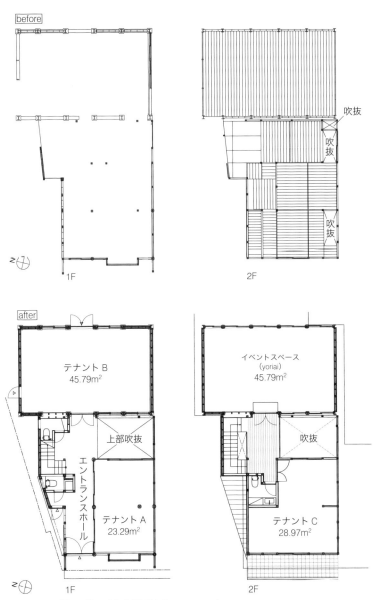

図 4・1・10 1階、2階の改修前平面図（図面提供：expo）
図 4・1・11 1階、2階の改修後平面図（図面提供：expo）

before

1階、町家部分（改修前）

2階、町家側（改修前）

after

1階に新設された階段。足もとの壁には兎のイラストが描かれた

2階、通り側にできたプライベートヘアサロン「muguet」

4章 不動産プロジェクトのデザイン——街に暮らしと商いを生む

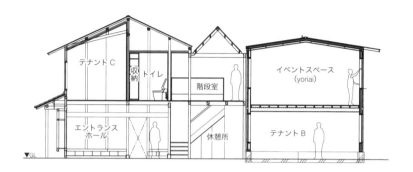

図 4・1・12　断面図。2つの構造の違う建物を離すようにトップライトを設けた（図面提供：expo）
図 4・1・13　構造を切り離したことでできた吹き抜けエリア。自由に休憩できるようになっている

ていると、カウンターの高さひとつとっても使う人に合わせられ、工事内容にも無駄がない。また、完成後の場の運営にとっても先に小商いが決まったうえで工事が行われるのは利点だ。そのおかげで統一感があり、中宇治 yorin 全体として穏やかで爽やかな雰囲気がつくられている。通常のように、後でテナント付けしたビルではこうはならない。

既存を活かす外観

　外観は、できるだけ既存の町家の状態を活かした。通りに面した格子窓を残すなど、以前の佇まいと印象は変わらないようにしている。目に留まる玄関部分だけはつくり込んでいる。玄関側の小商いAは、入居する焼菓子店を意識して、愛知県常滑市にある水野製陶園のタイルを使用。木製建具との相性も良く、ファサードのアクセントにも功を奏している。

　2階の外壁部分に「中宇治 yorin」の看板だけをつけ、夜はライトで照らすようにした。路地の雰囲気はそのままに、店として認識してもらう絶妙なバランスとなった。

　主な窓は元々、建物の東西方向にあったのだが、リノベーションではほとんどの窓を、遠くに山が望める反対の南北方向に変えた。これは、東西方向の窓からは、近隣と視線が合い、互いに良くないと思ったからだ。

　建物の奥にはもともと蔵があったが、状態は悪く解体された。現在は、小商いBのテラスとして設計され、ウッドデッキや植物に囲まれた空間で気持ち良く、建物の魅力が増した。

　路地内の建物は、大きなトラックが入らないと工事には不都合な面も多い。今回も、コンクリートの搬入に苦労したり、設備の搬入も離れた所から手作業で持ってきてもらうなど、隠れた部分の苦労の積み

before

2階、改修前の
吹き抜けスペース

2階、改修前のイベントスペース

改修後の吹き抜けスペース。採光だけでなく、構造を分離させる役割もある

2階イベントスペース。窓側に平等院があるので壁に鳳凰を模した鳥のイラストを描いた

4章　不動産プロジェクトのデザイン——街に暮らしと商いを生む

重ねで、ボリュームのある建物が完成した。

デザイン
コミュニケーションに必要な3つのデザイン

物件名

　物件名を考えるにあたり、「中宇治」という地名は入れたかった。宇治出身の私ですら知らなかった地名だが、地元では誇りを持って使われていたからだ。そして、この場を象徴する言葉として、「yorin」と添えた。中宇治より（from）発信するという願いと、4つの区画、つまり四輪（よりん）がうまく回るように、ここをより所に中宇治のエリアが盛り上がりをみせるように、そんな意味で「中宇治yorin」と名付けた（図4・1・14）。

【名称案】

中宇治 yorin
（ナカウジヨリン）

yori：拠り所
　　　寄り
　　　　〜より（から始まる）

趣旨
・「ここから発信・はじまる・拡がっていく」という意味のあるもの
・覚えやすいもの
・主張しすぎず（あくまでも主役は店子）、適度に存在感のあるもの
・女性らしい柔らかさ
・年配でも親しみがわく（誰でも読める）
・入居を目指す小商い層にささる

「中宇治」は、限定されるエリアの知名度を上げるために
ぜひとも使いたい

【テキストショートバージョン】

中宇治 yorin は、地元の人も観光の人にも、みんなにとってのヨリドコロ。
美味しいランチを食べたり、お稽古事を催してみたり、
通な情報を教えてもらったり。
室町時代から続く中宇治の中心で、誰もが通いたくなる場所を目指します。

【ロゴ案】

中宇治
yorin

中宇治の「中」を、宇治茶に浮かぶ
縁起のいい茶柱に見立てました。
お茶だけではない「あたらしい宇治」の未来。
ここから素敵な文化とコミュニティの輪が、
波紋のように広がりますように。

図4・1・14　名称案・ロゴの提案。背景やプロセスも説明する

コミュニケーションのデザイン

　作り手としてもう1人、欠かせなかったのが、トナカイサインズの岸本敬子さんだ。中宇治 yorin のロゴも、老若男女問わず気に入ってもらえるようなものにしてくれた。茶柱のようで波紋のようで、ニコッと笑っているようにも見える。建物にサインやイラストを描いてもらったり、外看板、WEB 内のイラスト、小商い募集や完成見学会のチラシまで、他にも中宇治 yorin のあらゆるデザインに関わってもらった。どれも、あまり細かい指示はせずに、誰に対して、どういうシーンで使いたいかを伝えるようにしている。

　彼女のつくるものには、ちょっと寄りたくなるような、テンションを上げて誘うような楽しさがある。例えば、yorin では階段にウサギを描いてもらった。なぜウサギかというと、宇治では昔からウサギが神聖な動物として捉えられている。世界遺産の宇治上神社ではうさぎみくじが有名で、私の出身校「莵道高校」は兎の道と書く。ここで親子の会話が生まれたりしたらいいなとの想いで描いてもらった。

　岸本さんに一貫して関わってもらったので、2D（紙面）、3D（建物）とも違和感なく統一感が生まれた。DM で見て実際に店を訪れてみたら、建物の雰囲気はイメージしていたものとちょっと違ったということはよくあるが、中宇治 yorin ではそういうことはないだろう。販促物・広告においては、オーナーに都度提案しつつ、一緒に決めていった。

WEB サイトのデザイン

　中宇治 yorin 専用の WEB サイトも、ターゲットの客層に合わせ、30歳前後の女性チームでつくった。WEB サイトをつくれる WEB デザイナーは世の中にごまんといるが、その技量があれば誰でもいいわけではない。例えば、コーディングが得意な人や、デザインに長けている

人など得意分野も様々だ。中宇治yorinの案件でお願いしたWEBデザイナーは、本人もイラストが描ける人だった。岸本さんにWEBのイラストはお願いしたのだが、自身もイラストを描けるWEBデザイナーなら、バランスも見られるし、グラフィックデザイナーの手法も掴めるだろうから、やり取りしやすいと思って依頼した（図4・1・15）。

　また、プロジェクトのコンセプトに「大人の女性が訪れたくなる場所」を掲げていたので、そういう雰囲気をWEB上にも纏わせたく、これまでの実績を見て相性が良いと思ったのも理由である。写真も同様の理由で、現代では珍しいフィルムカメラで撮るプロの女性カメラマン、平野愛氏にお願いした。

　つくれたら誰でもいいわけではない。毎回作り手同士の相性、オーナーとの相性をみて依頼し、チーム編成をする。

図4・1・15　中宇治yorinのWEBサイト。ターゲット層に響きそうなイラストや写真を用いている

募集
現場見学会と審査戦略

　作り手の「共犯者」探しだけでなく、小商いだって、「共犯者」の1人である。中宇治yorinに限らず、私は「誰に借りてもらうか」を重要視している。なぜなら、建物はつくる前よりつくった後の方が圧倒的に長いわけで、プロジェクトの価値は完成後にはじめて評されると考えているからだ。特に今回は、大事なエリアのリノベーションの初めの1歩。このプロジェクトの酸いも甘いも共有できる「共犯者」になってもらう人を探さなければならない。

　そこで、自分たちが思い描く小商いに応募してもらうために、建物がボロボロの状態で見学会を行った。オーナーも不安だったと思うが、共犯者になってもらうためには、このゼロ地点からつくり上げるくらいの熱量が欲しかったからだ。

　見学会の案内には大きな広告は使わず、つくったチラシをメンバーに渡して配ってもらったり、カフェに置いてもらったり、以前別件で丁寧に取材してもらったメディア「HOME'S PRESS」には、中宇治yorinの連載をお願いした。日頃から、「何か面白い案件ないですか？」とメディアに聞いてもらえる関係性を築けているのも、大事なポイントだ。

　また、見学イベントの打ち出し方も単なる建物のリノベーションではなく、観光地の再生、地元全体のリノベーションがポイントとして伝えられるように、あらかじめ提案していた。もちろん、メディア側にも掲載方針があるが、それが掲載される側の意向と一致しているとは限らない。だからこそ、メディアに飲み込まれないように、何に重心を持った記事にしてもらいたいかは、あらかじめ自ら提案する必要がある。

現場見学会のあとは、完成見学会。WEBや紙での広告も大事だが、中宇治のようなコミュニティがしっかりしているエリアだと人脈や口コミの効果が見込めて、リアルな場所を使ったイベントは最も告知力が高く分かりやすい。

　宇治でこういうプロジェクトをするんだとFacebookに投稿すると、地元の友人たちが協力してくれた。高校の同級生は後輩を紹介してくれて、地元のラジオにも出演させてもらった。地元のお茶屋さんの同級生も紹介してもらって、工事の度にお茶をよばれながら、地元のヒアリングをさせてもらった。特に地方の場合、地元メディアの威力を侮ってはいけない。

　小商いをしようとする人たちは、当然店を開こうとしているのだから、きっと他の物件と比較している。そのなかでyorinを選んでもらう。同時に、私たちも応募をたくさんいただいた中からこちらの意図と合う人を選ばせていただくつもりでいた。つまり、通常の貸主―借主の関係とは少し異なる。そのためにはそれなりの秘策が必要だった。

　そこで、小商いサポートのアイディアをオーナーやプロジェクトメンバーに提案した（図4・1・16）。それは、「家も探します」。私は不動産仲介ができるので、開店に伴い引っ越してくる場合、家探しも手伝える。特に移住者も想定していたので、これは必須だと考えた。もし将来yorinで繁盛して独立店舗を構えたくなった場合には、「独立物件紹介します」とも記した。さらに、「クリエイティブ関係者を紹介します」を掲げた。これまで独立経験が無い場合、知人がいない限り、WEB制作やロゴ制作、チラシ制作などを依頼するあてがないだろう。ネットで検索するだけでは自分と相性が良いかも分からない。そして、「生活相談乗ります」。京都は敷居が高いと思われがちなので、そこをフォローするよう宣言しておくことが大事だった。どれも、入居してからの話ばかりで一見気が早そうだが、ここまで予めサポートしてく

> 商売だけでなくやはり生活、住む場所など不安が多いはず。そこもサポート。
>
> ①「生活相談のります」
> お隣との関係、宇治の人の気質など宇治在住のプロジェクトメンバーが相談に乗ります。
>
> ②「家も探します」
> 住居が決まっていないことが不安な方には、不動産事業者として宇治市の適切な賃貸を探します。
>
> ③「お店を作るのに必要なクリエイティブな人、紹介します」
> お店を立ち上げる際にWEB制作者、チラシなどの紙モノデザイン、
> 設計施工業者も必要があれば紹介します。
>
> ④「独立する物件、紹介します」
> 大きくなって個人でお店を構えたいという場合、物件もご紹介します。

図 4・1・16　小商いサポートサービス

れるのだと分かっていると、応募に対する気持ちやハードルの高さは変わってくるはずだ。

　小商い募集のキャッチコピーは「宇治の真ん中で小商い、はじめませんか」。実際の小商い募集のチラシにも、その文字を散りばめた。表はその背景に宇治川の美しい風景、裏をめくると、現場の廃墟に現実的な条件というギャップが気に入っている（図4・1・17）。

　500枚のチラシを配った効果か、近隣の方にもたくさん来ていただいた。小商い希望者の方だけでなく、近所の方にも改修前の建物の状態を見ていただくことで、工事で迷惑をかけることを受け入れてもらいたい、ご自身の建物のことも考えてもらいたい、という狙いがあった。宇治内外にいる小商い候補者、そして近隣の店舗、地元の住民、それぞれに何を伝えたいか、募集時点から広告の役割を厳密に見据えることが大事である。

 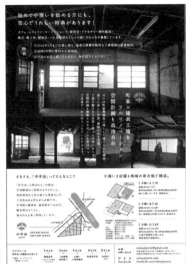

図4・1・17　募集チラシ

工事現場のままの現場見学会

　現場見学会は、約100名もの方に参加していただいた。実際に小商いへの応募予定で来る人と、まちづくりなどに関心がある人、地元の人が来てくださった。それぞれに関心を寄せてくれて、多く訪れてくれたことが分かる（図4・1・18）。

　実際に小商いに応募の予定で来る人は、私とオーナー2名で対応し、30分刻みで時間を予約してもらい20組案内した。やはり、メールの問い合わせだけでは分からないし、応募される方も見えない相手だと不安が多いだろうから、質問をたくさんし合えたのが非常に良かった。

　別日に個別にご案内した方も含め、結局3区画の募集に対し20組もの方が申し込みしてくれた。事業契約書を作成して応募してくれたのだ。

　応募には、宇治の地元で既に店をしている人だけでなく、宇治市周

図 4・1・18　現場見学会の様子

辺の京都府南部からの応募が目立った。何となく土地勘もあり、南部の入り口はやはり宇治と言う感覚もあるだろう。既に宇治市近郊で店舗を持つ方の2号店として考えている方や、新規一転、東京から移住してという方もおられた。

5月末の少し暑くなってきたころだったので、京都市内で「nokishita 711」という一風変わったバーを経営している友人に、宇治にちなんだ特製ドリンク、特製カモミール緑茶を振舞ってもらった。頼んだのは、小商いの先輩だと思ったからだ。

あえて面倒な審査

小商いの方は、20組の中から3組を選ばないといけないのだが、あえて面倒な審査を行った。どういうことかというと、まずは事業計画書での書類選考。その後、オーナーと私との面談。最後に、飲食店の方は実際に料理に出すものを持ってきてもらい、試食会まで行ったのだ。やっぱり、美味しいかどうかは大事だからだ。ここまでするのも

共犯者探しの一環だ。

　事業計画書の作成は、現在店舗を開いている人であれば感覚があるが、これからという人にはなかなか難しい。私たちが知りたかったのは経験があるかどうかではなく、事業に対する本気度、つまり、どれくらい真剣に考えてきてくれているか、この街やこの建物に必要な人かどうかが判断基準だった。ママさん候補者の中には、文字は全て手描き、写真はマスキングテープで貼った手づくり感いっぱいの事業計画を書く人もいたが、それでも全然かまわなかった。

　書類はプロジェクトメンバー皆で共有し、ある程度絞りつつ、優先度の高い方から順に面談することにした。面接ではなく面談。なぜ、中宇治yorinで店をしたいのか、宇治との関わり方への考えなど長くお話ししてはじめて見えてくる人の特徴もある。書類の時点である程度見えてはいたが、実際入居してもらってからのことでこちらが気を付けておくポイントが分かる。例えば、物事を白黒はっきりつけたいタイプの人であればはっきり伝えたり、自分の商品に自信が無い人だと、励ますタイミングを増やしたり、柔軟に対応した。

　試食会も同時に行った。こちらも同様に、「美味しいけど見た目をこうした方が良いんじゃないか」「宇治では安すぎるのではないか」など、実際の顧客目線でお話しした。

広すぎて困った場合
　特に2階は集客の上でも難しく、用途が限られつつあったので、美容室やヨガスタジオなど、顧客を持つ予約制の業種が理想的だと考えていた。その条件とも合致したヘアサロン希望の方に決まったのだが、懸念は「広すぎる」ということだった。2階の奥側は、元々建具工場として使われていたので、鉄骨でカッコいいのだが、その方が想定していたのはお子さんも連れて来られるプライベートヘアサロン。大手

美容室で働かれていたこともあり、独立したら1対1の丁寧な接客をしたいと考えられていた。つまり、席数もシャンプー台も1台でいい。40m²は広すぎた。実は、内見する際に「広すぎて使いきれそうにない」と断られることは結構ある。そのため、ネイルを希望している人に一部転貸しようかという話も上がっていたのだが、それはそれで、よほど信頼のおける人でない限り、セキュリティ対策などに問題がある。そこで、面談に同席していた旦那さんが、「2階の手前の部屋を貸してもらうことってできるんですか？」と言ってくれた。手前は、吹き抜けの分小さくなり30m²程度、ヘアサロンにはちょうど良い広さだった。また道路に面しているので、2階から路地風景が見える。本来、手前はイベントスペースとしていた。だが、イベントスペースは、広ければ広いほど、内容の受け皿は広がり、借りたい人は増えるはずだ。私も、同じ家賃なら広ければいいという概念から脱却した入居者側の発想に目から鱗だった。希望者本人からも、「それができるなら嬉しい！」という声を聴き、手前側に入居してもらうこととなった。

　この広い区画は現在イベントスペースとなっている。実際、キッチンや広い机もあるので、マルシェやスクリーンを使った勉強会、料理イベントなどに利用されている。手前の部屋だったらできなかったイベントもある。

　厳しい過程を経て入居してもらったのが、焼菓子・タルト屋の店「ホホエミカ」、フレンチビストロ「witte de with」（ヴィットデウィット）、プライベートヘアサロン「Muget」（ミュゲ）だった。フレンチビストロは東京からの移住者、タルトとヘアサロンは地元のママさんだ。地元の人だけでもうちにこもってしまうし、外の人だけだと地域の人が受け入れにくい、3区画あるからこそいろんな人をミックスしたかったので、バランスにも気を付けた（図4・1・19）。何より、この3人に決まった時、建物が使われているイメージが容易に描けた。焼き菓子

の匂いに誘われて、小学生のお子さんが通学路の帰りにお母さんのタルト屋さんに友達と一緒に立ち寄る姿。自ら映像で描けるか、それを大事にしている。

実は、最後の試食会でどちらに入ってもらうか悩んだ区画があった。枠はひとつしかないので、やむを得ずお断りした方がいらっしゃるのだが、その後自分が希望していた区画のお店にわざわざ食べに行ってくれたそうだ。宇治や京都府南部エリアからの応募が多かったのだが、他にお断りした方からも、「このプロジェクトを応援しています」「完成したら遊びに行きます」と言ったお返事をいただき、断った人からも愛される場所って良いなとつくづく実感した。

店名も一緒に考える

タルト屋さんに関しては、岸本さんに店舗のブランディングデザインまでお願いした。当初、店主のOさんは「ほほえみ」という店名を考えていて、丁寧な字で書かれた手書きの事業計画書からも、その店名への愛着が伝わっていた。ただ、一般名詞のようで特徴の薄い平凡な響きが気になっていた。すごく丁寧なお菓子づくりをされていて、絵も上手だと分かっていたので、もしそう伝わってしまうのならもっ

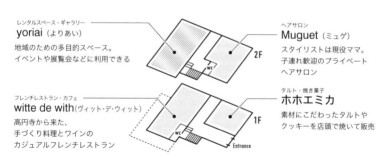

図4・1・19　入居した小商いの構成

たいないと、私たちは思った。そこで、カを最後に付けると、なんだか北欧っぽい発音で、可愛いけど洗練されている感じがした。Oさんが気に入っている名前を変えるなんてどうかなと思いながらも、岸本さんと2人で想いを伝えに行った。そしたらOさんは、「こんなに私のお店のことを考えてくれる人がいるなんて嬉しい……」と泣き始めたのだった。以前、大手の広告会社にお願いした時にあまり良い思いをしなかったらしい。そうやって、「ホホエミカ」のロゴや制服など一式、岸本さんにお願いすることになった。

昼間の観光地を、出歩きたい夜の街に変えられるか

フレンチレストランのシェフは、唯一の東京からの移住者。飲食の激戦区高円寺でお店を経営していて、全く縁のない宇治へと来てくれた。経営は問題なかったのだが、このまま高円寺で続けることに未来はあるのか、周りの飲食の仲間も東京を離れ地方に行く姿を見て、考えていたのだそうだ。

知人の紹介でこの話を知ってくださったが、そうはいっても全く土地勘のない宇治で勝負していいのか。内見後も何度も奥様と宇治に足を運んでくださったそうだ。

メールでやり取りしている中で、「夜、全く人が歩いていないんですが大丈夫ですかね？」という旨の連絡が来た。おっしゃる通り、東京の感覚では考えられないくらい、宇治の街の夜は早い。でも、嘘を伝えるわけにはいかないし、私が自然と返した言葉が、「今まで無いものは事業のチャンスともいえますよね」という返信だった。そもそも、その入居候補者Wさんに入居してもらう決め手は、臨機応変で柔軟な対応力だった。リノベーション物件だし、1棟目だし、何が起こるか分からない。そのなかで、これしかできないという職人気質の人では難しいが、経歴や話しぶりからして、この方ならいけると思ったのだ

った。だから、その気持ちを込めて出てきた言葉が届くように、祈るような気持ちで送信ボタンを押した。数日後、それに応えてきちんと整った書類が届いたときは、やった！　と心で叫んだ。

　完成見学会の時、高円寺の店のオーナーが見に来られた。長年こういう仕事をしているが、初めてみた光景だった。まるで息子のように心配して励ましをもって「頑張りなさい」と仰っていた。これだけオーナーと関係を結べていた姿を見て、改めて、Wさんに入居してもらえて良かったと確信した。

ここでなければ独立できなかった
　美容師さんとタルト屋さんは、地元のママさんだ。美容師さんは京都市内の有名美容室で長年働いていて、出産を機に地元宇治に住みながら通勤されていた。決まりましたと電話した時に、「私、ここじゃなかったら独立できなかったんです。よくあるように、1人でテナントで入るんじゃなくて、他の人もいて、オーナーも皆が応援してくれるyorinだから夢が叶ったんです」そう涙ながらに教えてくれた。完成見学会の時も、小商いの皆さんを紹介し乾杯の挨拶をした後、隅っこで、ママさん2人が笑いながらえんえん泣いているのが見えた。

最高のクリスマスプレゼント
　しかも、この3人は40歳前後の同世代で、1人経営者という点が同じだった。人柄も皆さん穏やかで、ゴミ出しなど困ったときは支え合っている。完成して1ヶ月後、クリスマスイブ発売の、関西の情報誌『Leaf』に中宇治yorinが掲載された。玄関に立つ3人。その声が聞こえてきそうなほどキャラクターが分かる写真で、これを本屋で見た時初めて、このプロジェクトに携われて良かったなとホッとした。やはり、建物が完成した時ではなくて、使う人が決まり、1歩歩み出した時

が一番幸せを感じるのだと思う。オーナーに相談いただいてから1年以上、これは、私にとって最高のクリスマスプレゼントになった（図4・1・20）。

完成見学会

完成見学会は延べ400人ほどの大盛況となった。京都市内中心部ならともかく、宇治にわざわざ来てくれる人がこの人数とは大健闘だと思う。用意していたチラシは午前中で無くなってしまった。建築・まちづくり関係者だけでなく、地元の人や、小商いに応募してくれた方まで、見学会に来てくださった。

3組の小商いのお披露目会でもあったので、フレンチの店で提供する料理を振舞ってもらった。焼き菓子の方は特製クッキーを、ヘアサロンもオススメのケア用品を用意してもらい、見学会に来てくださった方にお配りした。小商いがイラストに描かれた完成見学会用のチラシもつくったので、透明の袋にチラシを表にして、小商いのグッズを中に入れ、持ち帰る人が広告塔になるようにした。小さい宇治の街で、可愛いイラストのバックを持つ人を何人も見かけたら、街ゆく人もきっと気になるはずだ。

図4・1・20　京都の情報誌『Leaf』に載った3人の小商いたち

図 4・1・21　完成見学会の様子

　完成見学会では、もうひとつの目玉、「中宇治のこれまでとこれから」というタイトルで、プロジェクトメンバーで1時間のトークショーを行った。これにも、地元の方にたくさん来ていただけた。この建物で終わることなく、これから中宇治界隈のプロジェクトが始まる。そういう意図をもって開催した（図 4・1・21）。

運営
順調な3つの小商い

　小商いの今は、おかげさまで順調だ。ランチは予約がないと入れない人気ビストロ。タルトは、昼には売り切れるのでマフィンなど違う商品も並べている。ヘアサロンは1ヶ月予約待ち。3店とも嬉しい悲鳴で、2年が経ちちょうど落ち着いてきたようにも見える。

　何より、私もよく食べに行ったり髪を切りに行ったりして、愛用している。30歳を過ぎ、宇治で友人と良い感じのところにランチしようと思っても無かったし、私自身が欲しい居場所だったのかなと、完成してから気づいた。私経由でこの店を知ってくれた地元の友達から、「今日 yorin 行ったよ！」と写真付きでメッセージがたくさん来る。私自身東京生活が長く、周りも結婚・出産でやや疎遠になっていたとこ

ろに、思いがけない嬉しい出来事だった。やっぱりよく知っている相手に、「地元にこういう店ができて宇治に帰るのが楽しみになる」と直接伝えてもらえるのは、まさに仕事冥利に尽きる。

街への伝播
3年足らずで界隈に店舗増

　中宇治yorinも2年が経ち、周りが早速変化し始めている。隣は別のオーナーの家具の倉庫だったところを、私が仲介させてもらい、ライブなど大箱のイベントスペースとなった。ちなみにその方は、京都市内で同業態で経営されていたのだが、地元が宇治で、商店街にライブハウスのようなものがあれば、意外性があって面白いと考え、フォークバンドを招いたり、宇治に縁のある映画の上映をしたりしている。

　向かいは改修後、鉄板焼き店と器の店としてオープンした。実は、ここからは私は運営から離れている。予定より早くオーナー運営に引き継がれたが、オーナーが自ら運営できるならそれに越したことはない。1棟目をともにつくらせていただいたことに感謝している。

　現在、ほんの近距離の界隈に3つの建物がリノベーションされた。ついに、商店街沿いにもおしゃれなビストロがオープンし、商店街にも宇治の高品質な店が波及している。最初に掲げた5箇年計画の2年目、「通いたくなるエリア」へ、着実に邁進しているといえるだろう。このプロジェクトが中宇治の未来の起点となることを、願っている。

CASE 2

一等地のオフィスビルの上階 ➡ ファミリー向け賃貸住宅

和歌山市内の街なかに、魅力的な賃貸住宅をつくる

プロジェクト名	タウンメイド vol.1
時　　　　期	2018〜2019年
所　在　地	和歌山県和歌山市
規　　　　模	RC造8階建3階部分 173.6m²
施　　　　主	㈱アクティブマドリード
設　計・施　工	城善建設㈱・㈱アトリエロウエ
ヴィジュアルデザイン	道上佳世子（おおはしぐみ）
WEBサイト	岡本彩

[POINT]
きっかけ 無いものは自らつくる
調査 楽しく便利、歴史もある街なかを実感
チーム編成 地元と若手の工務店が協業する
建築計画 オフィスビルのメリットを活かす
ビジュアルデザイン 質感のある暮らしを表現
募集 街なかに住み、働く良さの伝え方

きっかけ
無いものは自らつくる

新たな和歌山という地にできた縁

　私事だが、2018年5月、結婚することとなった。夫が和歌山を離れることができないため、私が和歌山と京都の二拠点生活をすることにした。結婚を機に、せっかく和歌山という土地と縁ができたのに、住むだけではもったいない。和歌山でも仕事をつくりたい。これまでの経験を活かして、この街で何ができるだろうか、考えることにした。

「衣・食・住」のうち、住レイヤーが置き去りに

　まずは、これまでのプロジェクトでそうしてきたように、和歌山の街の状況を肌感覚で把握することに徹した。真っ先に感じたことは、とにかく街の大きさに対して飲食店が多く、そのレベルが高いこと。海が近く素材が良いことはもちろんその理由に挙げられるが、地元の方の話によると、地元で独立する業種として真っ先にあがる職種が飲食店らしい。

　衣レイヤーもなかなか充実している。怖カッコいいお兄さんのストリートファッションのお店や、ご婦人方に人気のブランド「ヨーガン・レール」の服を売っている店、布屋さんには、10坪ほどの立派なリバティプリントのコーナーがあったりする。

　一方、「衣・食・住」のうち、住に目をやってみると、なかなか街なかに魅力的な物件が無い。いざ、自分たちが和歌山に住もうと住まいを探した時も、それなりの家賃を払いたいと思える家が見つからなかった。30代夫婦であれば、郊外の一戸建てか古くて安いアパート。極端な話、その2択しかないような状況だった。住レイヤーが、圧倒的に置き去りにされていると感じた。

しかし、食事をしたりお酒を飲む時間、衣服やファッションを豊かにしようという人がいるということは、良質な住宅があれば住みたいという人だっているんじゃないだろうか。誰もつくらなかっただけで絶対いるだろう、少しなら。今の私たちだったら、あったら住むな。そう思えたのが、一番の動機だった。

時代に合ったライフスタイル
　専業主婦が郊外の住宅に閉じ込められ、夫は1時間半かけて電車か車で通勤し、家事を手伝う間も無く、夜遅くまで働いて家計を一身に担う。これが、戦後から数十年前まで続いた、日本の典型的なライフスタイルだった。
　しかし、今は違う。女性が働くことが当たり前になり、辛い通勤時間を減らし、夫婦で家事育児を分担し、職住近接のライフスタイルが良いという人も増えた。住むところと働くところ、買い物するところがバラバラに切り離された時代から、「職・住・遊」が近接し境目のないライフスタイルへと、時代は変化している。
　同様に、郊外の一戸建てに住み、週末になるとショッピングモールで買い物も食事も済ます、というライフスタイルが、近年の日本の郊外ではプロトタイプとされてきた。それが悪いのではなく、ライフスタイルの選択肢がそれしか与えられてこなかったことに問題がある。ただ、そうではない新たな価値観に共鳴する層は、大都市だけでなくどの土地にも少なからずいると思っている。
　ライフスタイルは住まいからつくられる。逆に、住まいから日本の典型的な生活風景を変えられる可能性がある。

質の高い賃貸住宅の必要性
　実は、和歌山の街なかに質の高い賃貸住宅が必要だという認識は、

私が関わる以前から既にあったもので、和歌山市の「わかやまリノベーションまちづくり構想検討委員会」では再三議題に出ていた。実際、「わかやまリノベーション推進指針」の戦略のひとつにも、「遊休不動産の住宅転用」と掲げられている（図4・2・1）。ちなみに、このような行政主体の委員会というものは、他の地域であれば学識者と業界団体のトップとで構成されることが多いのだが、和歌山市の場合は、民間の不動産オーナーや若手のプレーヤーが委員となっている。委員長は和歌山市のリノベーションまちづくりに長らく関わってきた、嶋田洋平氏が務める。

　和歌山市には、この「リノベーションまちづくり」という考え方が、割合広く根付いている。リノベーションまちづくりとは、遊休不動産や公共空間を活かして、民間が主体となり新しい使い方を発明することで、都市型産業の集積を図り、雇用の創出やコミュニティの活性につなげていく手法だ。その実践の場として、北九州市を皮切りに「リ

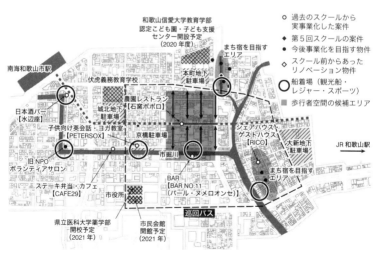

図4・2・1　『わかやまリノベーション推進指針』の対象エリア（出典：和歌山市資料）

ノベーションスクール」というものが全国各地で開催され、不動産の再生を通じて新しいビジネスが生み出されている。私もユニットマスターと呼ばれる先生役として、全国で地元の人の事業づくりをサポートしている。和歌山市は特に盛んで、この6年間で17件の事業が生まれていた。そこで生まれた事業も、やはり飲事業が多くを占めていた。

一方、住宅事業に関しては、これまで主に実働する人がおらず進んでいなかった。シンポジウムが開かれた夜の飲み会で、「ぜひ私が住宅事業をやりたい」と嶋田さんに申し出た。これまで、なんとなく他人事のように聞いていたのだが、「これ、私がやればいいんじゃないか。質の高い住宅レイヤーをつくることは、私が和歌山でできることかもしれない」と気がついたのだった。

「消費するための街」から「使い倒して暮らす街」へ

これまでの都市政策は、いかに人が街で消費するかが都市の目的となっていた。しかし、わざわざ物を買いに行く行為の価値は薄れてくるこれからは、消費が人を住まわせる時代から、人の住まいが消費を呼び込む時代へ転換していくだろう。街は買い物をしたり遊びに行く場所から、街を使い倒して暮らす場所へ変化する。そう考えると、商業ではなく住宅が都市政策の要となるのではないだろうか。

ストックの問題

質の高い住宅の必然性は分かったが、それを受け入れるハコがあるのかという問題がある。それも今、和歌山が抱えている課題にハマったのだった。和歌山市は人口36万人の県庁所在地なのだが、一等地のオフィスビルでさえ、3階から8階がごっそり空いているような状況だ。東京でいうと丸の内、京都でいうと四条烏丸で空室があるようなもの。まず考えられないことだろう。それも、調べてみると何軒も

あった。理由としては、昔はたくさんあったであろう企業の和歌山支社が、今では大阪支社に集約されて撤退するなどして、広めのオフィスの需要が無くなってしまったことにある（図4・2・2）。

　街なかの衰退を顕著に示す例として、20年程前までは4つあったデパートのうち3つが閉店したことが挙げられる。昔は商店街も歩けば肩がぶつかるほど賑わっていたそうだが、今では見事なシャッター街へと変貌した。若者も遊びに来ないので、街なかのビルはテナント需要も見込めない。次第に、街なかに住む人も減っていく。

　一方で、2017年に公立の小中一貫校がまちなかに開校した。公立で特色ある教育が受けられるため人気なのだが、新たに家を建てる土地もなく、ファミリー向けの賃貸住宅も供給がほとんど無いために、わざわざ、住所を得るためにだけ物件を借りて、郊外から通わせている

図4・2・2　現在の和歌山市内の街なか。ビルの3階以上は空室が目立つ

家庭もあると聞く。

　街なか住まいの需要が増えている。けれど、街なかには家が建つ土地もマンションも少ない。このプロジェクトには、周辺部の郊外に流れた住宅需要を中心部に戻すという、街ぐるみの住宅政策の側面もあった。

街にアンカーを打つタイミング

　それぞれの街には、アンカーを打つタイミングが存在していると思う。和歌山市の場合、元々城下町だったが、戦災で焼けてしまった。その後、高度経済成長期に産業が発展し、雇用が増え一気に街が賑わったが、その後、バブル崩壊後の経済収縮とともに街は落ち込み、働く人も住む人も激減した。ただここ5年程で、勢いのある若い人が、少しずつだが個性のあるコンテンツをつくり出している。そんな街の歴史を歩んでいる。どん底から這い上がり、上昇傾向にある街は強い。古い店主も若い店主も、住人も、行政も、大きくは同じ方向に向かっているように見える。それは、危機的状況だからこその団結ともいえる。何かを仕掛けるには、最適なタイミングであることに間違いない。

これまでと異なるメンバーでアライアンスを組む

　街なかの状況とニーズについては以上の通りだが、どうやって実行に移していくか。余所者の私が個人的に事業化するよりも、新たに会社をつくって、街にインパクトを持って取り組もうと、嶋田さんからアドバイスを受けた。確かに銀行から借入する際など、私個人の会社の信用力は大したことはない。そこで、これまでの経緯とともに趣旨に賛同いただき、前述の委員会のメンバーであり不動産オーナーである、和島興産株式会社代表取締役の梅田千景氏と、城善建設株式会社代表取締役の依岡善明氏にも会社のメンバーに入っていただくことと

なった。街の有力者である不動産オーナー2名が取締役、リノベーションまちづくりの建築家が監査役、実働を担う不動産プランナーが代表取締役という4名の、あまり類を見ないメンバー構成の会社が誕生した。名前は本町アライアンス。アライアンスは同盟を意味し、それぞれの立場や想いが集結して設立することができた。本町通りという、紀州徳川家の城から京都へ向かう一の橋に面した一等地を舞台の中心に、リノベーションによる住宅事業を実施し、街なかの再生に取り組んでいく。

調査
楽しく便利、歴史もある街なかを実感

　賃貸住宅と言っても、学生用からサラリーマン、ファミリー向け、高齢者向け、シェアハウスなど様々な形態がある。これまでの経緯から、公立の中高一貫校ができて通わせたいけれど、ちょうど良い広さの住みたい家が無い、という圧倒的な需要から、まずはファミリー向けの賃貸住宅をつくることにした。

　なぜ、街なかに住んでもらいたいのか。昔ながらの街というのは元々良い資源もあり、ギュッと凝縮されて暮らしやすい。和歌山市は、紀州徳川家の城下町だったのだが、建物は戦災で焼けて無くなってしまっているので、一見古き良きものが見えづらい。でも、町割りやお堀、老舗の店々が残っている。

　実際に1年間仮住まいをしてみて、発見したこともある。和歌山では車が無いと生きていけないとよく言われるが、実際、街中で生活するのには、徒歩か自転車、必要な時にカーシェアを使えば事足りる。官公庁など行政機関も近く手続きが楽だ。美術館や博物館も徒歩圏内。病院も近くにあり人口あたりの医師の数が多いなど、医療や子育てに関する魅力もある。飲みに行けば歩いて帰れる。実際に暮らす目線で

図4・2・3　和歌山市の街なかコンテンツ例（左上：本屋「本屋プラグ」、右上：日本酒バー「水辺座」、左下：カフェ「FAVORITE COFFEE」、右下：和歌山県立美術館内のカフェでの北欧イベント）

見てみると、本当に住みやすさを実感するばかりだ。

　便利なだけでなく、楽しみもある。ここ5年くらいで、若い人の力によって、街に変化の兆しが現れ始めた。いつも若い人で満席のカフェやセンス溢れた雑貨店、新しい教育を取り入れた英会話教室、エッジの効いたイベントを催す本屋。おにぎり屋さんにサンドイッチ屋さん。皆、30〜40代の事業者だ（図4・2・3）。素敵な家を供給するのはもちろん大切だが、歴史もおしゃれや楽しさもひっくるめて、街なかに住む魅力を存分に味わってもらいたい。それは、働く人に街なかで働く魅力を存分に味わってもらいたい、ということとも共通している。誰もやらないなら、自分たちから小さく始める。これが、街なか暮ら

図 4・2・4　街なか暮らしのデベロッパー事業のイメージ図

しのデベロッパー事業だ（図 4・2・4）。

ターゲット層

　和歌山市の人口は約 36 万人。若い人はいないと聞いていたが、生活してみると、20 〜 40 代の層はそれなりに多いと感じた。

　本来、質の高い住宅に反応しそうな、公務員やマスコミ、医療関係者、士業のような人たちが和歌山にももちろん一定数いる。だが、彼らが今ある暮らしを変えたいと思ったとしても、自ら創出するのは困難だ。だからこそ、私たちのような立場の人間が選択肢を提示するしかない。街なかに英会話教室ができ、小中一貫校ができ、民間・行政

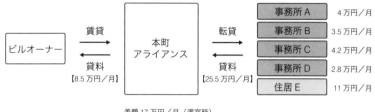

図 4・2・5 事業スキーム図

の両側面から質の高い教育機会がつくられてきた今、そのニーズはあるはずだ。

事業スキーム

　実現するためのスキームとして、サブリース形式にした。つまり、本町アライアンスがビルオーナーとともに事業に投資したうえで、ビルオーナーから賃貸し、入居者は本町アライアンスから賃貸する。そして、事業実施可能な賃料の設定、つまり、ビルオーナーと本町アライアンスが何年で投資回収できればいいかなどを勘案し、リノベーション費用やビルオーナーへ払う家賃などを設定した（図 4・2・5）。

チーム編成
地元と若手の工務店が協業する

　まず第一弾として、本町アライアンスの取締役の自社ビルのワンフロアを対象物件とした。それを皮切りに、次に住みたい人が現れたら上階の空きフロアへ、あるいは他のオーナーのビルへと展開していく構想だ。城善建設や和島興産は街の有力者でもあるので、二者が会社のメンバーであることは、街にもインパクトがある。「あの人たちがやるなら」と、他のオーナーの心を揺さぶることができる。ただ、オ

フィスの住宅転用は、ビルが古いと工事費がかさむなど難しい場合もある。その場合は、フロアを区切って小さなオフィスにしたり、別の用途にするなど、暮らすために必要なものをつくっていけばいいと考えている。

今回は、今後の可能性を探るため、ワンフロアの半分を住宅、もう半分をさらに4区画に分けたスモールオフィスとした。これも、スタ

図4·2·6 改修前後の平面プラン

図4・2・7　改修前の対象フロア。よくあるオフィスビルの形式だった

ッフ5人以下の小さな事務所に適した場所が街なかに少ないという調査からだ。

　ビルオーナーの本業は、地元の有力な建設会社であるため、基礎的な工事（いわゆるA工事）は自社でお願いすることにした。自社で行うと金額も抑えられるし、今後のメンテナンスにも都合がいいと考えたからだ。デザインに関わる部分（いわゆるB・C工事）については、設計・施工を一括ででき、デザインにも強いアトリエロウエという会社にお願いした。ロウエとは何度も一緒に仕事をしていて、使い手の立場で設計でき、予算を抑えながらも材料の使い方で面白い提案をしてくれるので、それを期待して依頼した。今回は予算の都合上、設計士を入れられなかったが、和歌山の若手の建築士を育てたいという城善建設の想いもあり、今後は地元の建築士とも組みたいと考えている（図4・2・6、7）。

建築計画
オフィスビルのメリットを活かす

　オフィスビルを住宅に転用することは、一般的にはなかなか想像がつかないが利点も多い。まずは窓が大きい。

　そして、天井高が高い。今回も 3.5m あり、その高さを利用し、住居部分は、天井高が低くてもいい寝室の上部を 12m^2 の広いロフトにした。ロフト自体の天井高があるので、来客用寝室や別の部屋としても利用できる。ただ、既成品のロフトのはしごはどうも使いづらいうえにスペースをとる。毎回はしごをかけるのが面倒でロフトを使わなくなる悪循環に陥りがちだ。

　そこで今回は、ロフトの壁面の一部を本棚とし、その一部をロフトへ上がる階段にすることにした。かなり面倒なオーダーであるにもかかわらず工務店さんも前向きに検討してくれ、緻密な計算のもと、「ロフト階段本棚」（図 4・2・8）が完成した。2 列の本棚を作成し、くの字に曲がって上る仕組みだ。これぞ機能美といえる。

　もうひとつの利点は、スケルトンで柱が無いため、間取りの自由度が高いこと。排水や電気経路などの都合を考え、水回りと寝室の 2 室をボックス状に囲い、メインの部屋を極力広くした間取りが完成した。

　今まであまりなかった住まい方だが、これには理由がある。ファミリータイプの代表格は、いわゆる 3LDK と呼ばれる間取りとなりがちだ。しかし、3 室も必要な時期ってそれほど長いのだろうか。子どもがいなくなれば子ども部屋は全く使わなくなってしまい無駄ではないかと思う。オフィスビルでは柱が無いため、夫婦 2 人のときは部屋を広く使い、もし子どもができたら間仕切りをつくればいい。部屋の使い方は、ライフスタイルに合わせて変えればいいのだ。オフィスビルに住むことで、自由な暮らしを実践し、証明したい。

図4·2·8　住宅部分のロフトに上がる階段兼本棚

　例えば、子ども部屋をつくる際は、和歌山市内で舞台美術をつくっている知人に頼もうと考えている。例えば入居するファミリーとともに、「子ども部屋にはどんな空間が必要なのか」を一から考えてもらい、魅力的な部屋をつくる方が楽しいだろう。

自ら第一入居者になる
　第一弾の住宅部分に関しては、私たち夫婦が自ら賃貸で借りて、住むことにした。
　このプロジェクトがこれまでの私の仕事と大きく異なる部分は、ニーズがあるから企画をするのではなく、これからニーズをつくり出していくということ。もちろん、前述の小中一貫校ができるなどニーズの兆しがあるから取り組んでいるわけだが、具体的に物件が無い限り、1人目を探すのはなかなか困難だろう。また、自分たちで住めば自ら

広告塔になれるので、手っ取り早い。「この街に住むとこんなに楽しい」という具体的なイメージが伝わっていないところが課題だからこそ、自分たちが住んで実証するのだ。これまでに無い市場をつくっていく、潜在需要が見えていないモノの市場を開拓していくことは、すごく面白いし、私としても今のタイミングでやるべきことだと思っている。

ビジュアルデザイン
質感のある暮らしを表現

　このプロジェクトの広告は、タワーマンションの広告でよくあるCGで煌びやかに飾ったものとは異なる。ターゲットにまっすぐ届けるべく、それとは真逆の、手触り感のあるものにしたいと考えた。

　そこで、ブランド名を「タウンメイド」と名付けた。ハンドメイドのように、自分の手の中からつくり出していくイメージだ。街というと壮大で行政がつくるもののように思ってしまうところを、そうでなく、自分たちでつくろうというメッセージを込めている（図4・2・9、10）。

　タウンメイドのロゴとブランドイメージは、和歌山で設計デザインをしている道上佳世子氏に依頼した。プロジェクトの趣旨を説明したら、そこからイメージを抽出して、絵やロゴに表現していく。彼女の手法は、実に建築的である。「手のイメージ」「風の気配」「わたしと街の距離」を抽出し、タウンメイドのロゴができ上がった。風になびくような鉛筆で描いたようなざらざらした質感のあるロゴだ。これまでの駅前のマンション広告の「ギラギラ」「現実味のないCG」「二次元な世界」へのアンチテーゼでもある。DMの紙質も、あえて薄めの紙でつくり、ふんわりした空気をまとっている。

　メインビジュアルは、部屋の窓から和歌山の街を見ている構図だ。描かれている和歌山の街は少し先の未来予想図。駐車場をキッチンカ

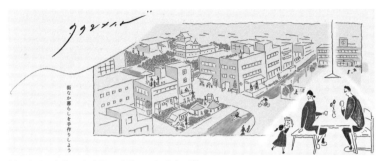

図 4・2・9　タウンメイドのビジュアルイメージ

HOUSE FOR FAMILY

自由な間取りで広く使えるファミリー向け賃貸住宅。
大きな窓と天井の高さはオフィスビルならでは。3 階なので日当りが良く、風も抜けます。天井高を活かし、客室や子ども室に使えるロフトスペースもご用意。アイランドキッチンをはじめとするこだわりの調理スペースや、大容量の収納や本棚も嬉しいポイント。

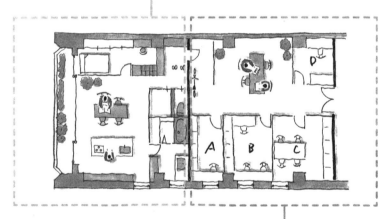

FOUR SMALL OFFICES

和歌山市内中心部に位置し、利便性の高いスモールオフィス。
個人事業、または企業のスタートアップに最適な 1〜5 人向けの計 4 室の個室に加え、打ち合わせやブレイクタイムに使える共用スペースを備えています。給湯室も完備。木質の素材や、壁に描かれたイラストなど、温かみや遊び心のある空間デザインがきっと仕事を楽しませてくれます。

図 4・2・10　賃貸住宅とスモールオフィスの新しい提案

ーのあるミニ公園にしたり、水辺にせり出したカフェやボートが日常の風景になっていて欲しいとの想いを込めている。家側も、テーブルに花を飾っていたり、コーヒーをゆっくり飲んでいたり、この家に住む家族のイメージを演出している。

街なかに住み、働く良さを伝える

　タウンメイドで働いたら、どんな暮らしが待っているのだろう。間取りや条件だけではいまいち伝わりにくい。そこで、街なかの暮らしぶりを想起しやすいストーリーをしたためた。

　"目覚めて窓をあければ、カーテンを揺らす風

　　風は自転車とともに街をかけ巡る
　　水辺のコーヒースタンドでひと息
　　川ではボートのレッスンだろうか

　　キッチンカーでは美味しそうなデリの匂い
　　子どもが走りまわりママさん達はお喋り

　　屋上では家庭菜園にいそしむマダム
　　青空の下で語らっている若者たち
　　お城はこの街を見守っているみたい

　　グランドに響く子供たちの声を BGM に
　　家に帰ったら晩ごはんの支度をしよう
　　市場で買った魚がメインのパエリア
　　食卓を彩るのは、あたたかな街の風

わたしは街の一部になり
　街はわたしの一部になる"

　ストーリーは住まいからはじまり、街を巡って、また家にたどり着く。実は、風を主人公に、その目線で街を捉えてみた。

募集 街なかに住み、働く良さの伝え方

　こうして、ビルのワンフロアの半分を賃貸住宅、もう半分を4区画のスモールオフィスとしてリノベーションが完成した。

　住宅部分は、○LDKでは表しにくい大空間がウリだ。オリジナルで工務店につくってもらった家具が、空間のアクセントに効いている。天井高を活かしたロフトは、寝室より広く、大きい子どもであれば部屋代わりに使えそうだ。ロフトの階段代わりの本棚も、見たことのない形になった。

　キッチンは、幅3mほどあり、既製品にはない贅沢さだ。広いリビングのなかでもひときわ目を引く。カウンターとして1人で一杯飲んだり、友人とホームパーティーをしたりと、様々な使い方ができそうだ（図4・2・11）。

　また、テレビは置かず、プロジェクターで投影することにした。「リビングにはテレビ」という固定概念にとらわれることなく、自分たちの暮らしを手づくりでつくる。それがタウンメイドだからだ。

遊び心のある働きたくなるオフィス

　オフィスだって、住宅と同じ考え方だ。ただの通勤地ではなく、街なか暮らしを楽しんでもらえるようにしたい。いかにもオフィスという空間ではなく、木の素材感をふんだんに活かし、落ち着く温かみの

図4・2・11 住居部分の改修前（上）・改修後（下）

ある空間にした。

　賃料は、一区画2.8～4.5万円。自宅での仕事が手狭になった個人事業主の方から、3～4人の小規模オフィスまで、異なる広さの区画にし、幅をもたせている。共用の打合せスペースやコピー機も用意した。WEBや建築などのデザイン業、士業の方に適している。特に、建築士にとってはビルオーナーが工務店であるので、仕事上もメリットがあると思う。官公庁や銀行の近い一等地に、アットホームなスモールオフィスとは、希少な存在だ。

　それだけではなく、タウンメイド全体のビジュアルデザインを担当してもらった道上さんに、壁にイラストを描いてもらった。何を書くか、2人で大変悩んだが、道上さんが野草を提案してくれた。タイトルは「野草標本」。野草というと意外な感じがするが、描いてくれた野草は、主張しすぎず、仕事場にもさりげない彩りがあって良いアクセントになった。二十四節気の英語表記とともに季節のうつろいに合わせて描かれており、息抜きに野草を街に探しに行きたくなる。風をテーマにロゴを制作したのと同様に、生活を楽しむことは季節を楽しむこと。「ちょっと目線を変えることでまちの見方が変わる」ことを表現してくれたという（図4・2・12）。

　イラストのあるスペースは、オフィスを利用される方が使える打合せスペースになる。ここにしかない特別な、遊び心のある空間デザイン。働く人を少しでも楽しませる工夫でもある。

生活がイメージできるよう見学会もひと工夫
　見学会は、平日と休日のどちらでも来やすいよう2日間設定した。新築マンションであれば手袋必須の内見も多いが、ここは素材感を味わってほしいので手袋は無い。ショールームを参考にインテリアをコーディネートした。テーマは春の訪れ。ここに暮らす人が着そうなワ

図 4・2・12 シェアオフィスの打合せコーナーの壁に描いてもらった野草のイラスト
図 4・2・13 暮らしをイメージできるように飾ったミモザ

ンピースをクローゼットにかけてみたり、花瓶にミモザを生けたり、生活をイメージできるようにあえて物を飾った（図4・2・13）。

　完成見学会には、和歌山市長をはじめ、和歌山のビルオーナーやオフィスに興味のある方、リノベーションまちづくりの関係者がたくさん駆けつけてくださった。

　私はこの1年、和歌山と京都の二拠点生活をしていた。二拠点生活は聞こえはいいがどっちつかずで、この街の住人として認められていない気がしていた。この事業を通じて、やっと和歌山で受け入れられて、役割を果たせるような気持ちになれた。スタートラインの大事な日になった。

女性の雇用機会

　これまで、様々な不動産のプロジェクトに関わってきたが、住宅事業の良いところは、数をこなせることだ。例えば、飲食店であれば、自ら店に立ち続けるか、人を雇わなければならず、数をこなすのには様々な障壁がある。一方、住宅事業は、最初につくり込むのには時間と資金がかかるが、デザインと事業が回る仕組みをつくっておけばいくつも手がけられる。また、手がけるタイミング自体も自分で調整することができる。

　一方、結婚して子どもができて、仕事に戻りたいけれどフルタイムで働くのは難しいという悩みを抱えている女性は、私の周りにも多い。一般的に、投資はお金持ちがやることのように思われがちであるが、実は、育児で思うように働けないママさんにとって、魅力的な仕事になり得るのではないかと考えている。もし、和歌山で子育て中のお母さんに適したやりがいがある仕事をつくれたら、全国の地方都市で暮らしている女性たちに一筋の光を照らせるかもしれない。

　私自身、全く縁の無い土地で暮らすことに慣れず、和歌山に来て数

ヶ月間、心身ともに体調を崩してしまった。救われたきっかけは、自分が和歌山に居たいと思える状況、つまり仕事をつくってしまえばいいんだと、自分で発見したこと。自分がここで暮らす意味を見つけることができた。

　結婚や出産をきっかけに、自身の働き方を変えなければならないという、キャリアにとって一見マイナスなことをポジティブに捉えたい。住まいをつくる人は暮らしにまつわるいろいろなことを経験した方が良いはずだ。そういう意味でも、住宅事業はまだまだ女性が参入すべき分野だと思っている。これから数年かけて追いかける長期的な目標になりそうだ。

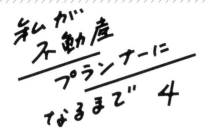

京都での現実

　京都に帰ってきてからの最初の7ヶ月は本当に辛く、帰ってきたのは失敗だったかもしれないとさえ思っていた。東京での土地勘は意味をなさず、一から学び、一から人脈づくりをしなければならならない。

　最初の1年間は京都市役所の非常勤として空き家対策の部署で働くことにした。兼業可能、かつ週4日勤務という条件は、その時の私にはこの上ない好条件。京都や全国区の空き家問題を俯瞰して把握することができ、物件所有者の方や空き家を借りたい人の声を直接聞けた。

　京都の街中の良い物件は、正式な市場にほとんど出回らない。例えば、不動産業者間の検索サイトで「中京区　町家」を探した場合、合致した戸数は予想より1桁以上少なかった。

　大きな理由のひとつに、街中の物件オーナーは町家を空き家のままにしていてもさして困っていないということ。そして、近隣との付き合いを重要視していること。つまり、お金にする必然性が無ければ、近隣にも迷惑をかけない範囲でそのままにしておきたいのだ。

DIYP KYOTO

　そこで、東京時分に付き合いのあった「DIYP」という改装可能な物件サイトを、京都でも運営させてもらうことにした。DIYPの掲載依頼は、ほとんどが不動産業者からではなく、物件オーナーからの直接の問い合わせ。物件が流通しないのなら、直接物件オーナーと結びつく仕組みが必要だ。それがDIYPなら担えると考えた。功を奏し、2年で50件ほど掲載できた。目論見通り、物件オーナーからの問い合わせが9割を超えている。

京都移住計画

　帰ってきてから関わり続けているのが、「京都移住計画」というプロジェクトだ。

「居（コミュニティ）・職（仕事）・住（住まい）」の三軸から京都に移住するための情報発信や場づくりを応援している。自ら動き自ら事を興せる人の背中を押したい、という想いから始めた。

そもそもは、代表の田村篤史が2011年に立ち上げた。移住するときに誰しも考えなければならないのが「住む」と「働く」。田村がもともと人材畑にいた「働く」のプロであり、「住む」プロを探したところ、私が参画することになった。

現在、WEB上で求人情報と物件情報を掲載している。移住者が住んでみたいという町家や、エリアの細かな紹介もしている。移住するかどうか自体を思い悩んでいる人には、田村と岸本が、2人一緒に相談に乗る有料の「職住一体の移住個別相談会」も始めた。

まずは、どんな暮らしをしたいのかを考え抜くこと。その先に具体的な条件を導き出すこと。移住においては両輪で考える必然性がある。物件紹介はどこの不動産屋に行っても叶えられるが、仕事とセットの考え方は私たちにしかできないことだと自負している。

今の仕事

「京都だったら、圧倒的にプレーヤーが少ないし、もしかしたら自分の需要があるかもしれない」という仮説は大よそ当たっていたが、思ったより困難な道のりだった。それでも、できることから始め、常に軌道修正を図り、不動産プランナーと自ら名乗ってからは、自分の期待をはるかに越える難解で魅力的な仕事の話も、多く舞い込んできた。

その間も常に考えていることの延長に建築があり、その表現手段として不動産を使ってきたにすぎない。

5章

街を変える仕組みの提案
―― 高齢者の自宅の一室に学生が暮らす

　プロデュースした建物が街にうまく波及するようにと考えると、関心の幅がまちづくりへと拡張せざるを得ない。これまでは、相談依頼に応える形がほどんどであったが、待ちの姿勢ではなく、自ら積極的に街に提案していきたいと考えるようになった。これまでの仕事の中で会得した街への問題提起を、仕組みを発明して具体的に提示できる。街への視座を論じるだけなら、学識者に任せればいい。だが、提案したうえで物をつくって証明できる。それこそが、不動産プランナーの真骨頂と言えよう。本章では、仕組みをつくり始めた事例を紹介する。

CASE 1

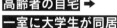
高齢者の自宅 ➡ 一室に大学生が同居

高齢者と大学生の同居促進事業
──京都ソリデール

物件名	次世代下宿
時　期	2016年〜
所在地	京都市内

POINT
- **きっかけ** 京都府が事業者を募集
- **調査** 京都の3つの資源─大学生・クリエイティブ層・高齢者
- **企画** 暮らし方の文化をつくる
- **募集** 名乗り出てくれる高齢者探しが難航
- **管理** 干渉し合わない2人の関係

きっかけ
京都府が事業者を募集

　京都ソリデール。「ソリデール」という少し覚えにくい名前は、フランス語で「協働」を意味する。「高齢者の家の一室に若者が同居する」仕組みで、ヨーロッパ圏を中心に定着している住まい方である（表5・1）。

　とりわけ、フランス・パリでは盛んで、現在は30を超える団体が同様の事業を行っている。2003年にパリが猛暑に見舞われた際、1万人以上の高齢者が熱中症などで亡くなった事件をきっかけに、「パリ・ソリデール」という団体が発足した。近隣のヨーロッパ諸国ではそれほど死者が出なかったが、良くも悪くも家族が独立した関係を持っているため見守り体制のないパリでは、死者が続出した。その状況を打

表5・1　海外のソリデール事例

団体名	登録者数	マッチング数	家賃	補助金の割合
(1) ensemble2generations	不明	約1000件	①無料 ②一部負担 ③有料：相場の3割	40%
(2) Nante's Renoue	高齢者：140名 若者：1000名	128件	①無料 ②有料：20～150ユーロ 　　　（平均70ユーロ）	48%
(3) LIEN	不明	35件	①0～55ユーロ ②55～160ユーロ	75%
(4) At Home Crochus	高齢者・若者 合わせて78名	18件	①無料 ②有料	なし
(5) Le Parisolidaire Lyon	若者22名（2011年）	150件	①無料 ②有料：150～300ユーロ 　　　（平均250ユーロ）	50%
(6) PACT	登録なし	22件	①有料：30～150ユーロ	100% (TPM)
(7) Le Pari Solidaire	高齢者：79名 　　　（2011年1年間） 若者：700名（累計）	約1000件	①無料 ②有料：500ユーロ以下 　　　（平均450ユーロ）	50%

（出典：福井大学「平成24年度国土政策関係研究支援事業 研究成果報告書」）

開しようと、当時50歳の女性2名が立ち上げたという。

　日本でも、東京の世田谷区や文京区がNPOで、福井県が大学ぐるみで、取り組んでいるが実績は数組。2016年、京都府では、「京都ソリデール」という名ではじめて事業を行うこととなった。「高齢者の家の一室に大学生が同居する」という事業である。公募で事業者を選定し、初年度は弊社含め4事業者が選ばれた。他の事業者は、高齢者と接点の多い高齢者生協くらしコープ、福井と京都で大学生の校外留学を行っている㈱応用技術研究所、市内で留学生向け賃貸を行っているNPOフリーダム、とそれぞれに強みがある。現在3年目で、連携し合い本事業に取り組んでいる。

東京で成立したからといって地方で成立するわけではない

　京都府が本事業を行う目的は、若者の府外流出を防ぐこと。京都市は人口の1割を大学生が占めるほど学生の多い街だが、社会人になるとともに外に出てしまい、若者人口が激減する。そこで、学生時代に愛着のある街になれば流出しないのでは、という思惑が発端となっている。京都府の想いは分からないでもないが、私には人口が減るかどうかにそこまで関心はない。そもそも、京都は消滅可能都市にはならないだろう。ただ、京都ソリデールに参画する意義は、自分なりに見出していた。

　それは、東京時代にさかのぼる。東京では、会社員として数多くのシェアハウスを企画運営していた。東京でのシェアハウスの役割は、様々な人の受け皿として、効果のある住まい方だった。例えば、何かにチャレンジしたいがために上京したけど賃料は抑えたい人。離婚したけど暮らしの質は下げたくない人。ストーカーに遭って1人では住めない人。シェアハウスはリア充の巣屈のように思われがちだが、私の中でのシェアハウスは「楽しくて明るいシェルター」のような存在

だった。

2015年、東京でシェアハウスをつくっていた経験から、京都でも、前職や協力会社とチームを組んでシェアハウスをつくることとなった。女性専用の新築物件で家賃は6万円ほど、しかも京都の市街地の真ん中で利便性も良い。東京でもあれだけ需要のあるシェアハウスだから、京都でも何とかなるだろうと思っていたのだが、これが落とし穴だった。予想以上になかなか入居者が見つからなかったのだ。時を同じくして、下鴨神社近くの家賃3万円ほどで、ものづくりをコンセプトにしたシェアハウスの管理を行っていた。最寄りの電車の駅から徒歩20分、絶望的な立地だったが、後者の方が明らかに人気があったのだ。

私がこの失敗から身をもって学んだことは、東京で成立した事業が

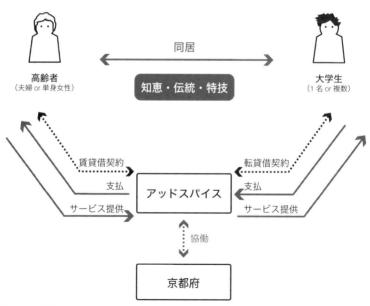

図5・1　京都ソリデールのスキーム図

どの街でも通用するわけではない。その街その街で、事業を組み立て直さなければいけない、ということ。後ほど気になって、地方都市でのシェアハウスの事例を一通り調べてみたが、大学などと提携の無い限り、そのほとんどが空室率50％以上だという事実も判明した。

ソリデールで叶えたい暮らし方
　この事業は、建物のリノベーションではなく住まい方のリノベーションである。つまり、これまでの住み方にはない、そして、今必要とされる住み方を社会に提案する試みだと思っている。
　一緒に暮らすことで、高齢者と若者が、知恵や伝統・特技を共有することはとても面倒だけど豊かな暮らしではないだろうか。想像してみよう。家を出るのが億劫になって人と話すことも無かった高齢者が、学生と一緒に夕食を食べて、行ってらっしゃいと毎日挨拶するだけでも元気になるかもしれない。街のことを積極的に知って参加したいと考えている学生は、高齢化で担い手の減った祭事の助けになるかもしれない。逆に、高齢者が学生にLINEの操作を教えてもらって、孫とメールのやりとりができるようになるかもしれない。
　学区や町内という自治組織で成熟してきた京都の街だからこそ、若者が街に深く入っていくことは、今後の京都の文化を守るうえで大切なことだと思う。京都ソリデール事業は、この街だから成立しそうで、この街だから必要な、「暮らし方の文化をつくること」でもある（図5・1）。

調査
京都の3つの資源
―大学生・クリエイティブ層・高齢者

　京都に必要な住まい方って何だろう。そう考え、まずは、京都に居

る人に着目した。当然だが、家を貸すのも借りるのも人だからだ。そういえば、京都に帰ってきて真っ先に感じた違和感として、気になる3種類の人の存在があった。

まずは大学生。大学が多いのは承知の通りだが、10人に1人が大学生という数は異常だ。コンビニ、飲食店、街を歩けば大学生に出くわす。しかも学生同士でつるむだけではなく、社会人がメインで参加しているイベントにもよく出没し、意欲ある活発な大学生が多い。わざわざ京都に住みたいから京都の大学にしたという人も多い。それにもかかわらず、結局ワンルーム暮らしでアルバイトやサークル活動に明け暮れ、京都の地元の人たちとはあまり関わりがなく、卒業後は京都外に就職する、というケースがほとんどだった。賃貸仲介を経て、実際にそんな現場をたくさん目の当たりにし、もったいない思いもあった。

もうひとつの層は、職人や作家などのクリエイティブ層。芸術系の大学も京都は多く、そのまま居つく人もいれば、大人になってから職人の道を歩む人も少なくない。職人や作家の場合、本職だけでは厳しいので副業をしながら生計を立てている人の割合が多い。

学生や職人・作家は、住まいの固定費をできるだけ抑えたいが時間はある。何より、暮らしに積極的で、京都の文化にも関わりたい。そう見た時、シェア的な住み方を求める需要は、東京のリア充層ではなく、所得の少ない学生や職人・作家だ。つまり、3〜10年程度の社会人経験を持ち、平均的な社会生活を営むのに充分な経済力を備えている層は、地方では既に結婚して戸建を買っている。そこをターゲットにしても難しいのは当然。ターゲットをずらし、京都に多い学生や職人・作家のために、東京型のシェアハウスではなく、京都オリジナルのシェア型住居をつくるべき。そう感じていた（図5・2）。

そして最後に、高齢者だ。高齢者が多い状況は、高齢化社会の昨今

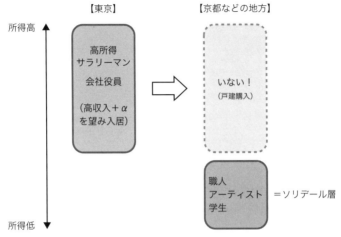

図5・2　地方と東京のシェア住居ニーズの違い

どこも大差ないのだが、京都は頭がフル回転している高齢者が多い。私はモーニングが好きなので、朝よく喫茶店に出かけるのだが、1人でやってきた高齢者たちが、政治の話もビジネスの話もフラットに真剣に話をしている姿をよく見かける。サラリーマンではなく、定年の無いお商売をしている人が多いからだろう。京都の高齢者は現役期間が長いのだ。大学生と高齢者、この2者は京都の資源だといえる。資源は、この街にとっては欠かせない、消えてなくなることはない持続的な存在。前向きで持続的な資源のために事業を設定することは望ましいはずだ（図5・3）。その需要は、旧来の東京モデルでのシェアハウスでは担えない。東京と京都でシェアハウスをつくってきたからこそ、気づいてしまったのだ。

行政と組むからできること

　そんな現実を抱えているさなか、舞い込んできたのがこのプロジェ

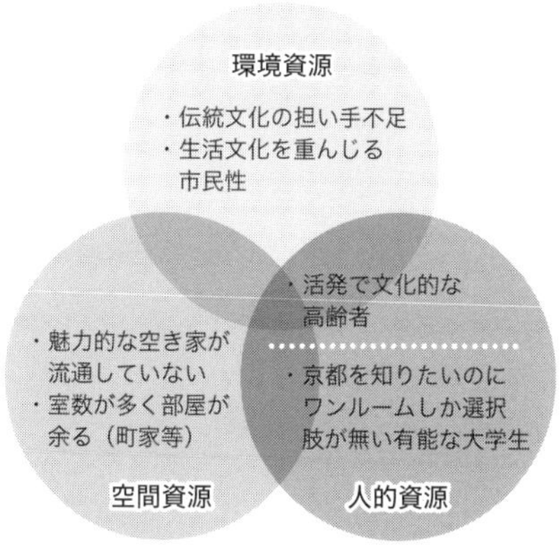

環境資源
・伝統文化の担い手不足
・生活文化を重んじる市民性

・活発で文化的な高齢者

・魅力的な空き家が流通していない
・室数が多く部屋が余る（町家等）

・京都を知りたいのにワンルームしか選択肢が無い有能な大学生

空間資源　**人的資源**

図5·3　ソリデール事業における京都の資源

クトだった。「高齢者の家の一室に大学生が住む」というのは、誰が考えても理想的な住まい方だ。建築学生の設計課題でもありそうなくらい、思いつく人はいると思う。ただ、住んでいる家の一部を貸すというのは、プライバシー上受け入れ側のハードルがかなり高い。ましてや、社会的信用の薄い不動産業者（特に、大手でなく私のような弱小会社の場合）に任せるなんて、よりハードルが高い。そう思い、長年この住まい方への関与を私は諦めていた。私だけではなく、他の事業者でもそう考える人は多かったと思う。だけど、今回話を持ち掛けてくれたのは京都府。行政という、高齢者に圧倒的に強い信頼カードを使えるなら、この事業ができるかもしれない。そう思い、委託契約という形で京都府と取り組むことにした。私としては、シェアハウスを京都版に展開した形であり、長年の想いの結晶だった。

災害時のネットワーク構築

　2005年のパリの猛暑のように、2011年の東日本大震災の際、無縁社会における他人とつながりのある暮らしに必要性を感じた人は多いか

もしれない。実際に起こった事例として、リノベーションの先駆者を中心に、「仮住まいの輪」というプラットフォームがつくられた。被災者が安定した生活を送ることができるまでの一定期間、住まいを提供した。全国に広がり、被災者には有益な仕組みだったに違いない。また、パリ・ソリデールのきっかけになった猛暑は、もはや近年、亜熱帯気候と化した日本でも、十分起こりうる。既に本事業にて、こういう地域自治の素地ができていれば、緊急時に即効性をもってネットワークが図れる。今後いつどこで起きるか分からない災害国にとって、必要なセーフティーネットになりうる。

空き家化を防ぐ

京都ソリデール事業は、京都の街にとっても意義深い試みだと思う。京都市内でも空き家戸数は 2019 年時点で約 11 万戸と課題になっているが、空き家を貸したがらない人が多く、市場に流通していない現状がある。一方、借りようとする大学生・作家・移住者などは古い空き家でも安く借りて自ら改装して住みたいと考えている人が一定数存在する。空き家予備軍の建物に一緒に住む人が見つかることで、空き家化を防ぐ意味合いもある。

視察に行って分かったパリと日本の違い

前述の通り、パリでは、2 団体によって 12 年間で約 6000 組もの同居マッチングの実例があるが、日本では 4 団体で合わせても、10 件にも及ばない。なぜソリデール事業の普及には、日本とパリで差があるのか。実態を探るため、2016 年 8 月、ソリデールの本場パリへと視察に向かった。

パリでは、日本とは異なる学生の住まい方の事情があった。まずは、パリの家賃の高さ。通常、パリでは若者は屋根裏レベルの家にしか住

めない。家賃が10年で2倍に上がり、経済的に困難な状況だ。一方、実家は田舎で広々とした家や庭のある住まいなので、屋根裏生活にどうしても慣れない学生が多いという。たしかに、シャルル・ド・ゴール空港からパリへ向かう街並みを車窓から眺めていると、牛を放牧していたり、農村地帯の家は大きい。つまり、日本でいうと、鳥取県出身の人が東京の港区に住むようなもの。家賃相場は港区より高いだろうから、それより実態は厳しいのだろう。地方からパリに出てきた学生の精神的な孤独を助ける意味もあるのだろう。

そして、家族での看取りの慣習が異なることもある。フランスの社会が高齢化しますます高齢者が増える。そして前述したように、フランスは家族が独立していて、日本のように老後は子どもが親の面倒を看るという文化が無い。双方の孤独を助けるために、「世代間に生まれる価値(共同生活の良さ)をもう一度つくろう」というスローガンで取り組んできたという。

もちろん、パリで安く心地よく住める所を何とかして見つけたい若者と、社会に関わり、収入を得たい高齢者のリアルな胸の内もあるだろう。

詳しい運用を聞いていると、やはり、日本のシェアハウスの運営と同様の問題が聞かれた。人のマッチングが一番の問題だという。ソリデールならではの問題は、高齢者が亡くなったら一緒に住む若者はどうするのか、という問題。やはり、年間5人ほどの死亡者が出るそうで、高齢者の死亡後、若者は1ヶ月住み続けられ、次の家を紹介してもらえる。精神的にまいってしまう若者もいるそうで、ケアの必要性を感じ、心理カウンセラーの団体がサポートをする体制を導入しているそうだ。

事業面においては、最初の3年間は非常に経営状況が苦しく補助金にも頼っていたが、現在では、ソリデールの月会員費や初期登録費で

図5・4 パリ・ソリデール事務所にて。実務運営者の2名と著者。実務は現在、この2名で行っているという

9割、パリ市の助成金は1割程度だという。また、高齢者施設の一室に若者が住みながら運営を担当するような、コンサルタントの展開も行っている。

4時間にもわたり質問や議論を重ねた視察で、それぞれの地域の事情に合った仕組みが必要であることをさらに実感し、またパイオニアならでの切実な実情を教えてもらう好機となった（図5・4）。

需要のあるエリアは偏っている

狭い京都において、ソリデールのニーズのあるエリアは偏りがある。まず、学生側だが、京都は大学が中心市街地には少なく、市内の北側、北区や左京区に集約されている。また、高齢者側も、心理的にも金銭的にも余裕がある人が名乗り出る場合が多いので、そういった方々が住んでいるエリアというと、これも、左京区や北区の一部のエリアに集中している（図5・5）。

双方の需要のあるエリアはうまく重なっているため、このエリアに

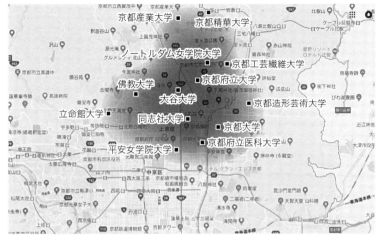

図 5・5 京都市街から少し外れた地域にターゲット層の大学が集まっている（地図ⓒ Google）

特化して広告を打つことができた。京都市内の高齢者には、地方紙（京都新聞）の購読者が圧倒的に多いため、販売所ごとに細かく指定されているエリアから選択し、折り込み広告を打った。大学講演などの仕事でヒアリングしていると、この試みに関心を持つ大学生は、建築・デザイン系、介護・福祉、社会学系に多いことが分かった。大学の学生課などに依頼し、関心の強い学部の人が利用する施設などにチラシを置いていただいた。

企画
暮らし方の文化をつくる

進め方は、通常業務の賃貸募集とさして変わらない。学生を受け入れてくれる高齢者を探し、ヒアリングに伺って条件などを確定する。その条件で入居したい学生を募る。その後、高齢者と学生の面談を高齢者宅で行う。マッチングが成立すれば晴れて契約、入居という流れ

になる。改装が必要な家であれば入居前に改装の手配を行う。この家探しから始まり、入居後のケアまでの一連の流れを、一貫してアッドスパイスが請け負う（図5・6）。

一般賃貸と異なるのは、高齢者と学生のマッチングが肝となるので、面談に重点を置く。1回マッチングを間違えて入居してしまうと、高齢者・大学生・事業者全員がしんどい思いをし続けることになりかねないから、細心の注意を払わなければならない。

実は、私は仕事の中で最も自信があるパートが、空間プロデュースでもなく、物件の目利きでもなく、リーシング、つまり「人のマッチング」である。また、公私関係なく、高齢者と話していると、話が分かる人だと褒められることが多い。そもそも60歳前後の友人が何人かいる。それってもしかして特技なのかも、と思ったこともソリデールをやろうという気持ちを後押しした。今でも、転職するなら、建築事務所より一般企業の人事の方が適性があると思っているくらいだ。

「人生の先輩」としての高齢者

京都ソリデールでの高齢者の定義は55歳以上となっている。ただ、この事業に手を挙げてくださる方々は、高齢者と呼ぶには失礼なほど元気でお若い。お話が面白いので、私も毎回の訪問が人生勉強になって楽しみだったりする。この事業を進めていくにあたり、「お年寄り」「シニア」「高齢者」、どの呼び方も違和感があった。実際に訪問先の高齢者に、「お年寄りと言われると気分が悪い」と露骨に言われたこともある。

そこで、WEBサイトにはこう記した。「人生の先輩と住む京都暮らし」。人生の先輩はたくさんの物語を持っていて、それは私たちにも興味深い話ばかり。「人生の先輩」と呼ばれて悪い気はしないだろう。なお、本文は人生の先輩と呼ぶと分かりづらいので、便宜上高齢者で

	高齢者(貸し手)	アッドスパイス	大学生(借り手)
① ヒアリング		自宅で、募集条件・設備・子の同意などヒアリング	
② 募集		ヒアリングをもとにWEBサイトに募集記事を作成・掲載	気に入った募集に申し込み、申込書を送信
③ 面談		事務所で、適性を面談	
④ もちより会		自宅で、食事をしながら話しお見合いする (1品持ち寄りルール)	
⑤ 契約		双方合意を確認のもと、契約締結	
⑥ 内装工事	必要に応じて内装工事	必要に応じて 業者手配・内装デザイン	
⑦ 同居	同居スタート		同居スタート
⑧ 再契約		継続の意思確認、再契約	
⑨ 同居	引き続き同居	必要に応じて相談に乗る	引き続き同居
未来		サロン間で相談し合ったり助け合ったり、ネットワークを構築する	

図 5・6　事業フロー

進めさせていただく。

募集 名乗り出てくれる高齢者探しが難航

　まずは受け入れてくれる高齢者探しからスタート。この事業はいいねと言ってくれる人は多いが、いざ自分が家を提供するかというと、ほとんどが首を横に振ってしまう。京都は様子見文化なので、なおさら新しい取り組みには消極的なのかもしれない。それでも手を挙げてくださる高齢者は、ホームステイの受け入れ経験がある方や大学の先生など、革新的な思考の持ち主だ。京都府と説明会を開いたり、回覧板にチラシを折り込んだりして、ようやく数人を見つけ出した。

　名乗り出てくださったのはどんな方々かというと、ジャズバーを経営しながら隣に住む、おしゃれでカラフルな服が良く似合う華奢なおばさま。70歳を超えた今でも看護学校に教えに行っている在宅介護学のチャーミングな先生。学生時代を京都で過ごし、リタイアしたら横浜から帰ってこようと、有名建築家に依頼し、生家をリノベーションしたご夫婦。皆さん総じて、生きることに前向きで、私自身お会いするたびに元気をいただいている。

募集時に売りになるのは高齢者の人柄

　高齢者のお宅に伺い、どんな学生が良いか、ご自身の趣味などを伺いながら、対象の個室がうまく使えそうか、動線なども確認する。家賃の設定もこの際に相談する。そうして、大学生の募集にとりかかる。学生は、各大学の学生課にチラシを置いてもらったり、自身に大学講義で直接呼びかけたりと、アナログな募集が中心だ。そこで配る募集チラシは、一見普通の不動産物件紹介なのだが、よく見るとタイトルは「○○なおばさま」。そう、物件ではなく人ありきなのだ！（図5・7）

京都ソリデール	NO.002 【修学院】

隣でミュージックバー経営の快活なおばさま

修学院駅からすぐの築浅の戸建の一室です。
洗面やトイレも専用で、キレイでオシャレで快適な部屋。

隣は大家さん経営のライブバー（平日のみ）。
面白い大人がたくさん集まるところで、夜ご飯が食べられます。

個室はすごく綺麗です

机・椅子付き、物干し突きベランダもあり

大家さん経営のバー、生ライブも多いそう

独立洗面で右が部屋、左がトイレ

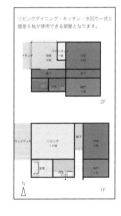

リビングダイニング・キッチン・水回り一式と
個室6帖が使用できる部屋となります。

<table>
<tr><th rowspan="4">建物概要</th><th>住所</th><td>京都市左京区</td></tr>
<tr><th>交通</th><td>叡山電鉄「修学院」駅徒歩2分</td></tr>
<tr><th>建物の構成</th><td>2階建戸建の2階部分一室</td></tr>
<tr><th>構造</th><td>木造2階建</td></tr>
<tr><th rowspan="11">設備・条件</th><th>賃料等</th><td>55,000円</td></tr>
<tr><th>食事</th><td>週4日・朝夕付き（賃料に含む）
※夕食は基本的にバーでいただきます</td></tr>
<tr><th>光熱費</th><td>10,000円（水道・電気・ガス・無線LAN）</td></tr>
<tr><th>保証金</th><td>50,000円</td></tr>
<tr><th>専有面積</th><td>洋室5帖</td></tr>
<tr><th>独立設備</th><td>洗面・トイレ・机・椅子・ベッド・収納・物干しスペース</td></tr>
<tr><th>共用設備</th><td>リビング・庭・駐輪スペース・シャワー・洗濯機・キッチン・ガスコンロ4口・冷蔵庫</td></tr>
<tr><th>契約種別</th><td>定期賃貸借契約6ヶ月（次回以降1年）</td></tr>
<tr><th>火災保険</th><td>損害保険加入（目安10,000円/年）</td></tr>
<tr><th>備考</th><td>食事不要の場合は、賃料など柔軟に応相談
近くに銭湯あり</td></tr>
<tr><th>入居可能時期</th><td>2017年1月〜入居希望（柔軟に応相談）</td></tr>
</table>

入居条件	・女子学生 ・禁煙者 ☆食べることや音楽が好きな人にオススメ
シニアの情報	・60代女性（非常にお元気です） ・音楽を楽しめるバーを週4日経営（生ライブ多し） ・さっぱりした快活な性格 ・人が好き

京都ソリデールは、平成28年度「京都府ソリデール事業」の一環として、
京都府と共同して取り組む事業です。

SPICE

図5・7 学生募集の概要

物件のスペックももちろん大事なのだが、それよりも誰と住むかが重要視される住まい方である。音楽が好きで歌手の知人も多い高齢者なら、学生の募集には「音楽が好きな人にオススメ」、高齢者の性格が「さっぱりした快活な性格」なども表記する。ソリデール事業自体は下宿という古いモデルではあるが、所有欲より経験やサービスに投資する現代社会にマッチしていた、非常に今っぽい思考の働いた事業ともいえる。

　そのあと、手を挙げた大学生と高齢者の家に伺い、三者面談を行う。世間話からどんな生活リズムなのかなど、ざっくばらんに話し、お互いに相性を見てもらう。そこで互いに承諾できれば、契約し同居がスタートする。直接は断りにくいので、事業者が介入する意味がある。

関心のある学生の傾向

　一方、ソリデールに関心のある学生の傾向だが、まず、住まい方に関心のある建築系の学生が多い。他には、政策系、福祉系など、何かしらソリデール事業と結びつきの強い専攻の子が多い。

　他には、新入学生が多かった。親元を離れて京都に暮らす子どもが心配で、親から問い合わせがあることが多い。

反響の大きさと現実：可能な範囲から小さく始める

　「高齢者の家の一室に学生が住む」というのはなかなか社会的インパクトがあるようで、自身のFacebookに投稿したところ、大変な反響があった。まだ京都で始めようとしたばかりなのに、「うちの街でもやってほしい」などの意見もあった。だが、その期待とは裏腹に、想定外に高齢者の応募が少なかった。意気消沈していたのだが、冷静に考えてみれば、そもそも誰も住んだことのない住まい方にチャレンジしようという人の方が稀有である。

これは、ソリデールの事業に限らず、シェアハウスやDIY住宅など新しい住まい方には言えることだが、いきなりマス展開を考えるのではなく、はじめは小さく、少なくても可能な人から始めていけばいい。今回の場合だと、本当は1人では不安な高齢者にもソリデールを体験してほしいが、実態はかなりアグレッシブで元気な高齢者だけが手を挙げてくれる。特に住まいは、生活の礎であるため、元気でポジティブでなければ新しいことに挑戦しづらいだろう。分譲マンションを買う時だって、モデルルームでエッジの利いた内装に憧れても、実際に選ぶのは無難な部屋だったりするものだ。シェアハウスやDIY住宅が、最初は一部の人のためのマニアックな商品だったものが、後に一般化されたように、できるところから始めて実験してみることを大事にしている。

マッチングの対象者は2名でなく"4名"だった

　シェアハウスを運営していたころは、1棟につき8人から40人程度の人数が住む物件を幅広く運営していた。そのため、誰かと誰かが言い合いになったと言って解決したと思ったら、また別の人が皆に迷惑をかけている。といった具合に、毎日どこかで何かの事件が起きていた。それに比較し、1対1のソリデールは、年齢差があると言っても対象は2名。マッチングさえ間違わなければ楽勝だろうと、すこし安心して構えていた。しかし、実際のところは、対象は2名ではなく4名だった。すなわち、高齢者の子、学生の親が関係者となるのだった。

　学生の場合、賃料を払うのは親の場合が多いので、親にこの事業について理解してもらうことは必須である。例えば、安く住めるからとソリデールの趣旨を理解いただかないまま申し込みをされることがあった。高齢者も私も、一方的な態度に参ってしまった。ただ、学生の親と言っても40代で、高齢者の娘さんより若い可能性もある。親と

いう概念が昔とは変わってしまっていることを、我々もきちんと認識しなければならなかった。

また、学生が同居することで、高齢者の子がたまに実家に帰ってきたときに居場所がなくなると危惧する場合もある。実際、パリでも、そのケアは大きな課題となっていると聞いた。

一方で、高齢者の子にとって良いこともある。昨今、高齢者がポットをONすれば遠く離れた子にメールが届くといった、見守りサービスが急速に発達している。そのなかで、むしろお金をいただいてリアルな人が見守ってくれるサービスだなんてありがたいと思ってくれる、高齢者の子がいてもおかしくない。特に、自分が遠方で働いて親を看られないことに負い目のある人には、非常に魅力的な仕組みに映る可能性がある。現に私が東京に居た時、同世代の地方出身の友人からその悩みをよく聞いていた。

その伏線として、現在、同居する学生から高齢者の子へ、月1回で簡単なレポートをメールしてもらうことにしている。ソリデールを機に、遠くで働く人の気持ちも軽くなれば最高ではないか。

ケーススタディ：ジャズバー経営者と東京の女子大生

具体的に同居が成立した例をひとつ紹介してみたい。東京の大学から京都の大学へ交換留学で半年間限定で京都にいる女子大生（以下Tさん）から、京都府のソリデールの仕組みを知って問い合わせがあった。まだ2回生だが、メールからは意識の高いしっかりした方だなという印象を受けた（実際そうだった）。世界遺産や観光問題を研究しており、せっかくなら京都の地元の方と暮らして理解を深めたいとのことだった。たしかに、期間限定で京都で学ぶなら、金銭的にも文化を理解するためにも、ソリデールはうってつけだ。

そこで、以前問い合わせのあった修学院のジャズバーを経営する高

齢者（以下Kさん）を紹介した（高齢者と言っていいか分からないほどお若いが）。Kさんは、昔から海外の方のホームステイを受け入れていたことがあり、その国の料理を教わったりして楽しんでいた経験があるそうだ。そのため、来客用に整備された部屋があり、ベッドや

図 5·8　募集のあった個室
図 5·9　契約の様子

机、専用の洗面室まで整い、しかもKさんのセンスでおしゃれでかわいい部屋だった（図5・8）。

　Kさんも女子学生を希望していた。本当は、気を使わなくていいという理由で男子学生を希望されていたのだが、孫が遊びに来る可能性があり、娘さんが女子学生を希望されたのだった。

　そこで、TさんにはKさん宅を紹介した。彼女の通う大学からも自転車通学圏内の家だったからだ。前回の反省から、面談は必ず学生の親御さんに同席いただくことにした。親子関係も見ることができるからだ。真面目なTさんと陽気なお母様で、Kさんもいつも以上に話が弾んでいたのが分かった。終わった後それぞれに連絡してみたところ、もちろん「進めてください」の返事。時間も無かったので、その後の契約、入居と手続きはとんとん拍子に進んだ（図5・9）。

　珍しくこの物件は食事付きだった。バーの営業日のみ、バーに食べに来てもらうスタイルだ。バーのお客さんには、場所柄大学の教授陣や個性的な学生、音楽関係者など様々。なかなか学生生活では出くわさない人と晩御飯を食べながらのお話しは、きっと忘れることのない経験だろう。ソリデール期間中に20歳の誕生日を迎えたTさんは、お酒解禁のお祝いもしてもらったそうだ。

　バーのお客さん経由で音楽イベントのバイトをしたり、授業の無い日は、Kさんと一緒にお寺に出掛けたりしていた。

管理
干渉し合わない2人の関係

　半年間、大きなトラブルはなく過ごした2人だが、お互いに干渉せず無理しない範囲で暮らしを楽しんでいたのが良かったのだろう。

　一度、地元のTV局の取材があったのだが、それを見ていて、ふと気が付いたことがあった。KさんがTさんのことを「彼女」と呼んで

いて、それがすごく良いなと思ったのだった。「もう大人だし、上から目線はなるべく出さないようにしようと思っていた」というKさんの言葉が思い出される。孫ほど年の離れた人に、なかなかできることではない。この方が、柔軟な感性をお持ちだからこそだろう。

Tさんの方は、もともと実家暮らしなので、1人暮らしより誰かがいる家の方が安心だったという理由もあった。それは、Kさんも同じだったようで、テレビの取材でこう答えていた。「やっぱり彼女もただいまって帰ってくるけど、私もおかえりって言えるのが心地良い。一緒に住んでくれてることで、やっぱりどこかに安心感は生まれていると思います」。

住まわせてやっているではなく、住んでくれている。住んであげているではなく、住まわせてもらっている。互いに謙虚な心も、ソリデールでは重要だと思い知ることができた。本来、シェアハウスでも、家族で暮らすことでも、必要な気持ちだが。

半年を終え、Tさんが実家に帰る際には、「ひとつ京都にも家ができたみたい」と言っていた。たとえ短期間でも、そんな居場所ができることが、この仕組みの醍醐味だといえる。

見えた課題

ソリデール事業は始めたばかりなので、当然課題も多い。ここであらためて整理したい。

まず高齢者の受け入れ先・学生の確保。私を含め他の事業者も、思いのほか高齢者の数が集まらないという事態に直面した。京都の様子見文化も理由にあると思うが、「高齢者が学生と住む必然性が無かったこと」「学生が高齢者と住む必然性が無かったこと」が大きな要因だと考えている。「あったらいいな」では人はわざわざ面倒なことに取り組まない。高齢者が学生と住みたいと思う必然性は、介護の必要な層

なのかもしれない。彼らが、看護・介護を学ぶ学生と住むなら、高齢者もその子どもも安心するのではないだろうか。そう仮定して、今、可能性を探っている。

そして、短期間のマッチングである。ソリデールの繁忙期は入学の前の3月。3月の合格発表から4月の入学までの家探しで日数に余裕がない状況での学生の応募が多く見られた。そこで、京都府が情報を一括で若者に下宿先を提供、その中で選んでもらい、来京の際に若者とシニアを会わせ入居の判断をする、という方法の提案があった。これはマッチングの不一致の可能性が高く、危険である。管理に手間もかかりトラブルも発生しやすい。

若者には、マッチングに時間がかかる旨をあらかじめ説明。安易にマッチングさせるのではなく、それまではウィークリーマンションなどを代用してもらい、焦ることなくマッチングすべきである。

他にも、事業化に向けて精度を上げなければいけないところは多く課題もあるが、京都の街ならではの暮らし方の文化をつくるため、あれこれ模索しながら進めているところだ。

私たちは、建物単体をリノベーションするにとどまらず、仕組みとエリアをリノベーションすることで、社会課題を解決する時代に突入しているということを、このプロジェクトを通じて実感している。

緩やかな介護型ソリデール

　京都ソリデール事業で予想以上に組数が増えないのはシニアの応募が少ないからなのだが、その原因として、高齢者にとっての必然性が無いからと考えている。いくら良い仕組みでも、自分の家に他人を受け入れるとなると、面倒だし、家賃収入もわずかだし、責任がかかる。それでも住みたいというならば、それなりの必然性がいる。もっとも人は、必然性がないと新しいことに取り組まない。

　そこで、高齢者が若者と同居する必然性として、「緩やかな介護」があるのではと考えた。同居するのは、専門性の高い、介護や医療の学生だと良いだろう。学生も日常的に緩やかな現場を学べるのは良い。大学も、学生が現場を知ることには前向きなはずだから、ソリデールに入居すること自体を単位認定するなど協力してくれる可能性がある。

　高齢者の方も、何かあった時に専門知識のある人がいるのは安心だ。とはいえこの場合、高齢者は要介護１～２程度が望ましいだろう。また、学生に完全な介護を期待したり、生命への責任などは無いことを重々説明のうえでだ。

　そして、高齢者の子に響くと思っている。

　また、これは家族間だけでなく地域の見守りにも発展する。高齢者に一番身近に接している存在として、地域包括支援センターがある。専門の職員がケアプランを作成したり介護認定をしたりしているが、それ以外の部分を学生が担えないだろうか。そうすれば、日々忙しくするケアマネージャーも専門領域に従事でき、一人ひとりのケアに時間が取れる。不可能では無いだろう。

　この場合、学生は見守り役の代わりに家賃を安くしてもらい、大学若しくは介護派遣会社、高齢者の子など収益源を変えてみると良いと思う。

これは、「親は自宅介護を希望しているが、子が面倒を見られないので施設に入れてしまう」という、日本のよくある家族の課題を地域でうまく回せるよう解決する仕組みにもなり得る。かなりハードルが高いことを言っているかもしれないが、不動産や福祉の業界の垣根を越え、近い将来、こんな互助の社会になることを切に願う。

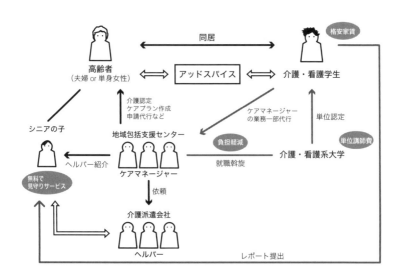

おわりに

　不動産は不動と言うわりに、数十年経てばあっさり使い途が変わってしまう。自分の仕事は、建物の一定期間のための延命措置に過ぎないと思うと虚しく、自身の存在意義を見失いかけたこともあった。

　一方、見方を変えれば、短命だから良いとも言える。時代は目まぐるしく変化し、それに伴い、社会が必要とするものや人の価値観も移り変わる。不動産を使って時代に即した解、つまり商品をつくっていく仕事は、非常に面白く誇らしい。作品として世に残らなくとも、その時代に生きる人たちに必要とされること。それが、建築を学んだ者として、不動産プランナー流の建築への答えなのかもしれない。そう考えながら本書の執筆に励んだ。

　学芸出版社の井口夏実さんには、私の心を先読みされていたのか、この本の企画を持ちかけてもらった。学芸出版社ビルの一部を事務所として借りていた時期があるのだが、そのアイディアも井口さん。本書も、井口さんのハッとする構想のおかげで出版に至りました。また、本書に登場するオーナーさんや入居者さん、インタビューや原稿の確認にご協力いただきありがとうございました。文中のプロジェクトは、多くの方々の協力のおかげで成り立っています。オーナーさんや入居者さんをはじめ、工務店さん、設計士さん、デザイナーさん、この場をお借りして、いつもありがとうございます。道半ばで本を出すことに躊躇もありましたが、今だからこそ書くべきだと後押ししてくれた家族にも、感謝しています。

　前向きで真摯で、心から尊敬する皆さんと一緒にものをつくれることが、私の何よりの財産です。まだ見ぬ読者の皆さんとも、どこかでご一緒できれば嬉しく思います。

岸本千佳

本書に登場した店舗・プロジェクト情報一覧

本書をお読みいただき気になった場所には、現状を確かめるためにも、ぜひ足を運んでみてもらえると幸いです。

【店舗】

▶駐輪場バー（2章 CASE 1）
OLBONE CAFE

所在地：京都市上京区講堂町 242
https://www.facebook.com/olbonecafe

▶中宇治 yorin（3章 CASE 1）
ホホエミカ

所在地：宇治市宇治妙楽 17-8
http://m.facebook.com/hohoemi.1116

▶中宇治 yorin（3章 CASE 1）
witte de with（ヴィットデウィット）

所在地：宇治市宇治妙楽 17-8
http://witte-de-with.com

▶中宇治 yorin（3章 CASE 1）
Muget（ミュゲ）

所在地：宇治市宇治妙楽 17-8
http://www.facebook.com/uji.muguet

【プロジェクトなどの WEB サイト】
- アッドスパイス　http://addspice.jp/
- 京都移住計画　https://kyoto-iju.com/
- DIYP　http://diyp.jp/
- カフカリサーチ　http://kafukaresearch.com/
- SOSAKKYOTO　https://sosakkyoto.localinfo.jp/
- 中宇治 yorin　http://nakaujiyorin.com/
- タウンメイド　http://townmade-wakayama.com/

岸本千佳 きしもと ちか／㈱アッドスパイス代表取締役

不動産プランナー。1985年京都生まれ。滋賀県立大学環境建築デザイン学科卒業後、東京の不動産ベンチャーを経て、2014年に京都でアッドスパイスを設立。不動産の企画・仲介・管理を一括で受け、建物と街のプロデュースを業とする。暮らしや街に関する執筆も多数。著書に『もし京都が東京だったらマップ』(イースト新書Q)。共著に、『まちづくりの仕事ガイドブック』(学芸出版社)。
NHK・Eテレ「人生デザインU29」(2015)、フジテレビ系列「セブンルール」(2017)に出演。

写真：平野愛
(カバー、本文 p.31、100、101、102下、111、113、131、135、139、159、161、171、175、179、183)

不動産プランナー流建築リノベーション

2019年6月1日　第1版第1刷発行

著　者………岸本千佳
発行者………前田裕資
発行所………株式会社学芸出版社
　　　　　　京都市下京区木津屋橋通西洞院東入
　　　　　　電話 075-343-0811　〒600-8216
　　　　　　http://www.gakugei-pub.jp/
　　　　　　info@gakugei-pub.jp
装　丁………paragram／赤井佑輔
印刷・製本…モリモト印刷

Ⓒ Chika Kishimoto　2019　　　　　　　　Printed in Japan
ISBN 978-4-7615-2705-1

JCOPY〈(社)出版者著作権管理機構委託出版物〉
本書の無断複写(電子化を含む)は著作権法上での例外を除き禁じられています。複写される場合は、そのつど事前に、(社)出版者著作権管理機構(電話 03-5244-5088、FAX 03-5244-5089、e-mail: info@jcopy.or.jp)の許諾を得てください。
また本書を代行業者等の第三者に依頼してスキャンやデジタル化することは、たとえ個人や家庭内での利用でも著作権法違反です。

まちづくりの仕事ガイドブック　まちの未来をつくる63の働き方
饗庭 伸・山崎 亮・小泉瑛一 編著　　　　　四六判・208頁・本体1900円+税

まちづくりに関わりたい人、本気で仕事にしたい人必見！ デザイナー、デベロッパー、コンサル、公務員まで44職種を5分野「コミュニティと起こすプロジェクト」「設計・デザイン」「土地・建物のビジネス」「調査・計画」「制度と支援のしくみづくり」の実践者が紹介。14人の起業体験談からは進化する仕事の今が見えてくる。

エリアリノベーション　変化の構造とローカライズ
馬場正尊＋Open A 編著　　　　　　　　　四六判・256頁・本体2200円+税

建物単体からエリア全体へ。この10年でリノベーションは進化した。計画的建築から工作的建築へ、変化する空間づくり。不動産、建築、グラフィック、メディアを横断するチームの登場。東京都神田・日本橋／岡山市問屋町／大阪市阿倍野・昭和町／尾道市／長野市善光寺門前／北九州市小倉・魚町で実践された、街を変える方法論。

不動産リノベーションの企画術
中谷ノボル・アートアンドクラフト 著　　　A5判・232頁・本体2600円+税

建物の価値を高める企画・設計・販売のツボを開拓者である著者が伝授する。今や都市のアツいスポットはリノベーション物件でできている。時間に培われた土地・建物の魅力は、物件の差別化に欠かせない個性そのものだ。新築では簡単に創り出せない。物件の個性を見極め、勘の良い入居者を惹きつけ、場の価値を高めるノウハウ。

建築と不動産のあいだ　そこにある価値を見つける不動産思考術
高橋寿太郎 著　　　　　　　　　　　　　四六判・256頁・本体2200円+税

設計事務所と不動産会社を渡り歩き、両業界のコラボレーションに挑戦する著者が、より創造的な価値を生む建築不動産フロー〈ビジョン→ファイナンス→不動産→デザイン→施工→マネジメント〉の考え方と実践を紹介。建築家だからこそわかる土地の価値、不動産会社だから分かる建物の価値、建て主の利益はそこに隠れている！

事例と図でわかる 建物改修・活用のための建築法規　適法化・用途変更・リノベーションの手引き
佐久間悠 著　　　　　　　　　　　　　　A5判・220頁・本体2500円+税

中古物件を活用してシェアハウスや福祉施設、ホテル等の事業を始めたい！ ところが「建物の法律」を知らなければ無駄なコストがかかったり、違法建築になってしまう場合も。「建物の法律家」である著者が相談を受けた実例をもとに、建物のリノベーションや活用でポイントになる建築関連法規を事業者向けにわかりやすく解説。